会 讲 故 事 的 童 书

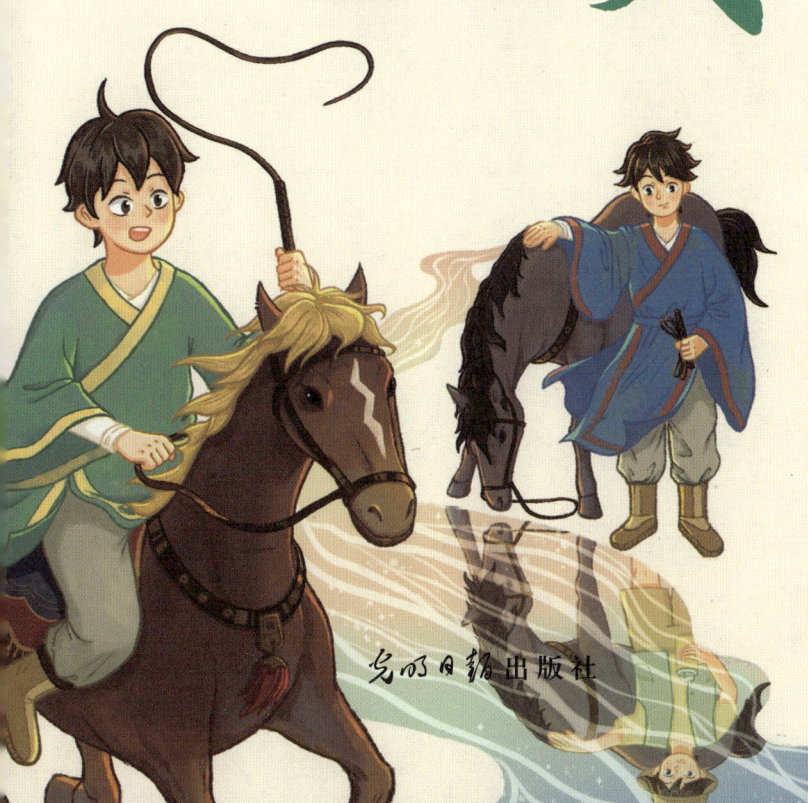

历史少年

我在汉朝当马夫

明小叔 著

光明日报出版社

图书在版编目（CIP）数据

我在汉朝当马夫 / 明小叔著 . -- 北京：光明日报出版社 , 2024.3

（历史少年）

ISBN 978-7-5194-7723-3

Ⅰ . ①我… Ⅱ . ①明… Ⅲ . ①风俗习惯史—中国—汉代—少年读物 Ⅳ . ① K892-49

中国国家版本馆 CIP 数据核字 (2024) 第 033122 号

梗概

　　子六和子满穿越到汉武帝时代，正赶上汉匈之间爆发战争。兄弟俩成了御马苑养马的人，结识了相马大师伯乐子明，并学习了高超的相马术和驯马术。汉朝为了反击匈奴，非常重视养马。为了获得优良的马种，并联合西域诸国共抗匈奴，汉武帝派遣张骞和子六出使西域。结果中途被匈奴阻截，扣押在匈奴境内。匈奴遭受马疫，子六为了拯救马匹而奔走于匈奴全境，竟然在治马之余，把匈奴的地理情报搜集清楚，绘成图册，为日后霍去病在漠北战胜匈奴提供了有力的保障。有了西域的良马，汉朝的马匹质量大为改良，逐渐有了跟匈奴一较高下的资本。漠北之战，霍去病深入大漠，千里追击，获得了对匈决战的决定性胜利。可惜，战马出征时十四万匹，回来的时候只剩下不足三万匹。好不容易培育起来的数量可观的良马死伤殆尽。战争结束后，子六他们为这些给大汉朝做出默默贡献的马匹堆起万马冢。汉武帝派遣李广利为贰师将军，以子六和子满为执驱校尉，征讨大宛。最终，经过一番斗智斗勇，大宛国顶不住压力，宣布投降。几千匹汗血宝马入汉，奠定了汉朝对匈作战绝对优势的地位。

目录

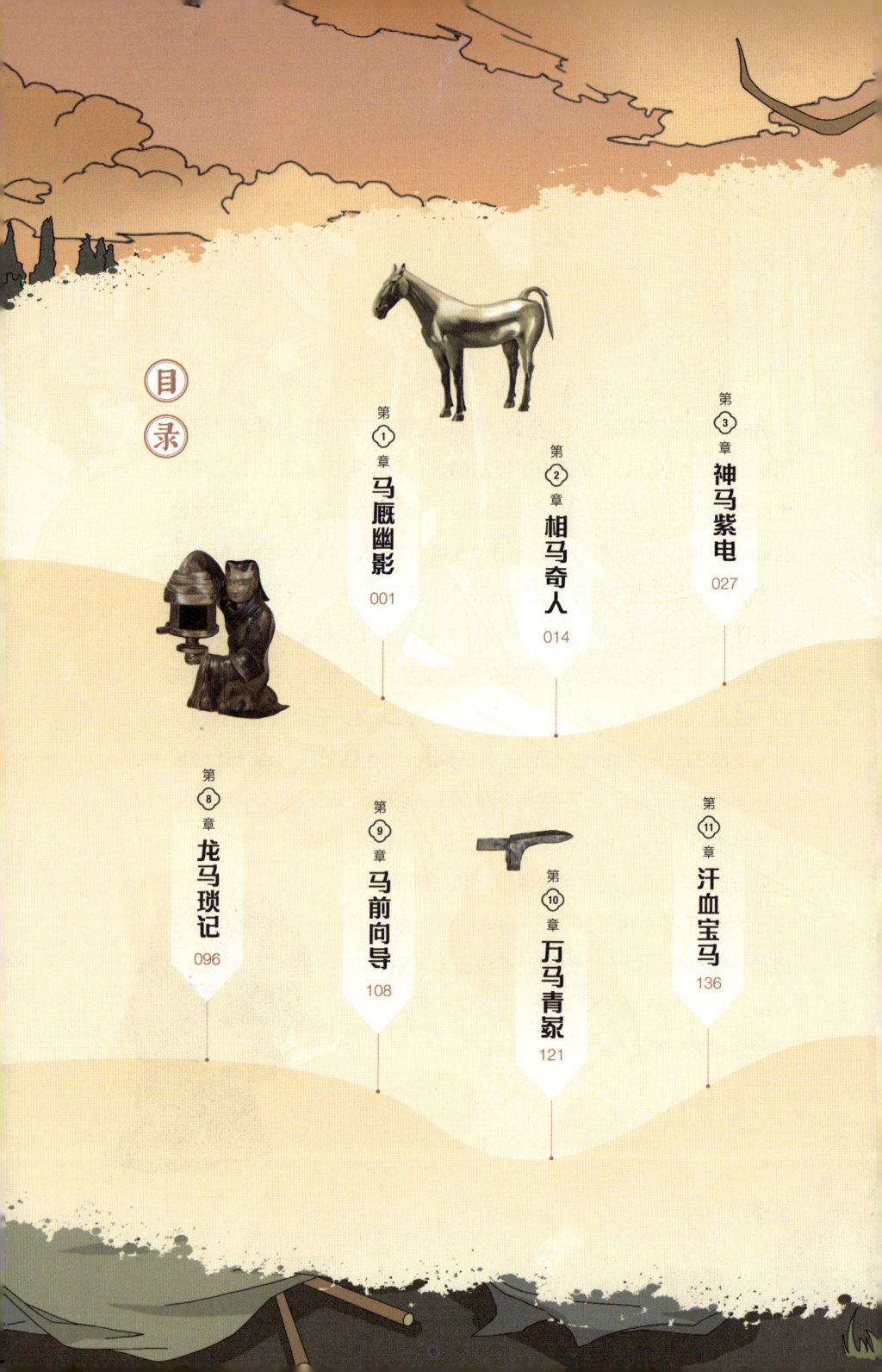

第 ① 章 马厩幽影 001

第 ② 章 相马奇人 014

第 ③ 章 神马紫电 027

第 ⑧ 章 龙马琐记 096

第 ⑨ 章 马前向导 108

第 ⑩ 章 万马青冢 121

第 ⑪ 章 汗血宝马 136

第 ④ 章 闯宫献马 042

第 ⑤ 章 马陷匈奴 055

第 ⑥ 章 塞外纵马 069

第 ⑦ 章 马名青白 082

第 ⑫ 章 自捶金马 148

第 ⑬ 章 戎马西征 161

第 ⑭ 章 天马入汉 174

第 ⑮ 章 尾声 189

后记 198

博物索引

长信宫灯 038

朱雀铜熏炉 039

皇后之玺 104

鎏金马 054

西汉博具 113

五星出东方织锦护臂 169

西汉错金银铜弩机 183

马踏匈奴石雕 191

石卧牛 190

第 1 章
马厩幽影

①

长夏,广袤的草原上水草丰美,一群骏马在低头吃草,偶尔引颈长嘶,惹得群鸟惊飞。阳光强烈,幸被几朵浓厚的云朵遮住,我跟子满才得以躺在水边舒舒服服地小憩片刻。

我们躺在草地上贪婪地呼吸着新鲜的空气,联想到前一刻还在渭水河的暗流中苦苦挣扎,简直像是重生了一般。

忽然，从草原上过来几匹马——身上的毛油得发亮，精神抖擞——信步来到我们跟前，吐出芳草味的舌头舔我们的脸，还不时打起响鼻，口水四射。天气炎热，我们都把外套脱了，放在一旁。其中还有一匹马用嘴叼起我们的外套，任性地扔到我们身旁。

我一边擦拭脸上的马口水，一边催促子满："快起来吧，马放饱了，该轰它们回圈了。"

子满一骨碌身起来，一脸迷惘地问："可是——老哥，敢问圈在何方？"

我也不知道马圈在哪边，我只有一个预感，我们穿越到了一个马场，成了牧马人，要不然那些骏马不可能跟我们这么熟！

"你这次算把哥哥我给问住了！我们这是在哪儿啊？"

我四处张望，只见草原像一块绿色的地毯直铺到天际。太阳西沉了，地平线上升起的晚霞绚烂多彩。

我们正在犯难，从东边来了一匹快马。到了近前，马上的人黑着脸，斥责道："你们两个懒鬼，天都快黑了，还不把马轰回圈，等太阳落了山，起了露水，马受凉得了病，你们的脑袋还要不要了？"

我们不敢和他纷争，赶紧收拾利落了，拾起地上的马鞭，试着把马聚在一起。好在这些马都给我们哥俩面子，主动地聚群了，等着我们发号施令。

那人恶狠狠地说："还愣着干什么！赶紧往回赶啊！你们是不想吃饭了！"

他骂骂咧咧打马走了，广袤的草原上留下一股烟尘。

我心说——你要是不生气走了，我们还不知道往哪儿赶马呢！

"老弟，挥动马鞭，回马场去也——"

我跟子满吹起口哨，把马鞭在空中抽响。群马就像懂事似的，也是归圈心切，不用我们怎么费劲，就朝马场飞奔。

等太阳落下去，夜幕在草原上升起的时候，我们赶着马群回到马场。

有个老军头看着门，看着我们回来了，笑着说："你们小哥俩又回来晚了，别是偷懒睡大觉了吧。谨慎，厩令正在气头上呢！"

果然，厩令见我们回来了，就叫住我们，训斥道："你们两个懒鬼，以为我不知道呢？！懒觉有你们睡的，下次再这样，可就要睡大牢了！依着我的性子，本想给你们几十马鞭，可想想算了，有你们犯在我手里的时候！还不去给马匹

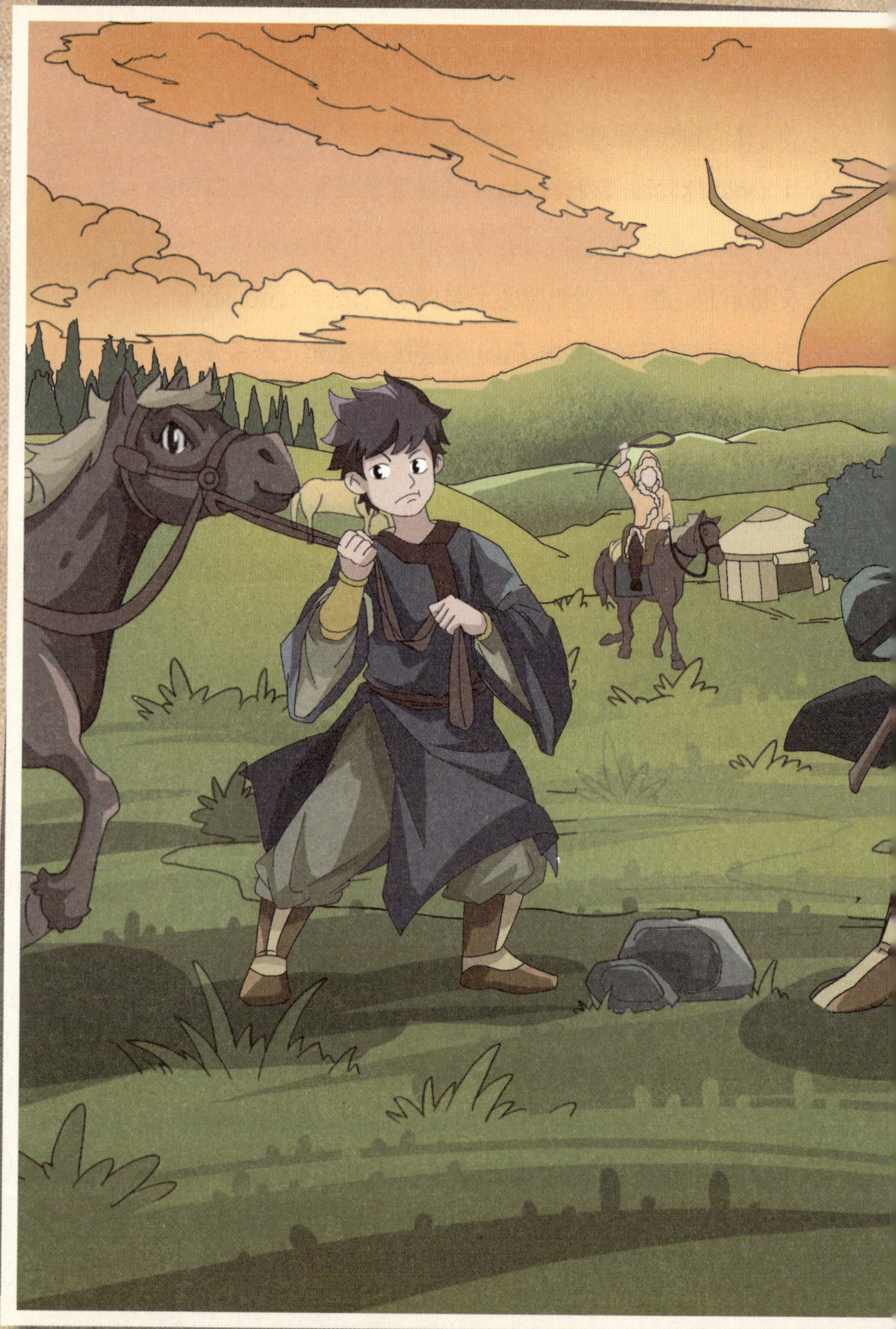

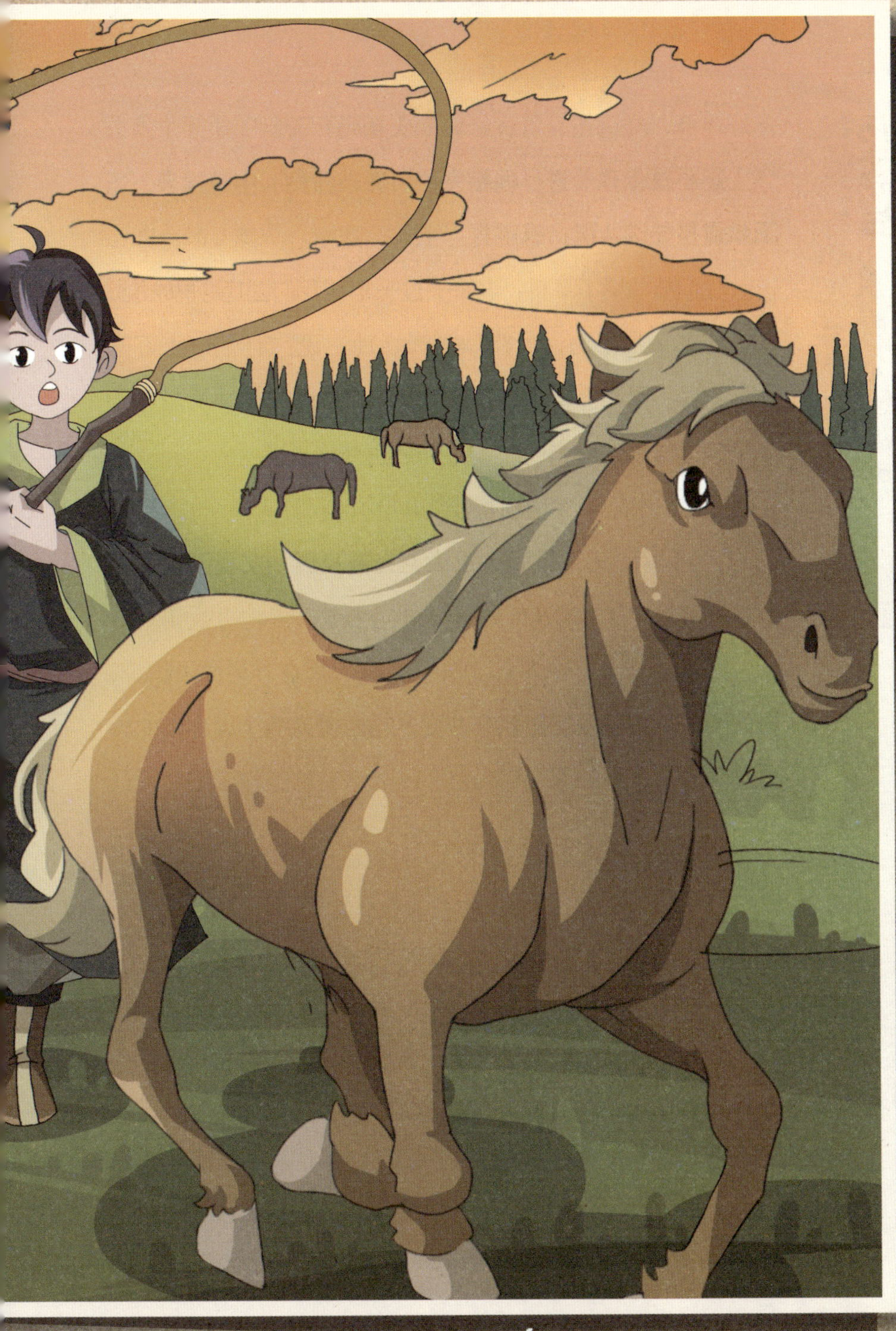

备好夜草,难道还等着我给你们庆功吗?"

小小厩令竟然这样颐指气使,怎奈我们刚穿越过来,还不知道是什么情况,只能先忍了。

我们给马填了草料,老军头过来,让我们去营房里吃饭。

老军头喝了酒,走路颤颤巍巍地,说:"你们赶上好时候了,要不是当今皇上要反击匈奴,缺少养马的人,就你们小哥俩这样吊儿郎当的,十个脑袋也被砍了。"

"反击匈奴?"我跟子满异口同声地问。

"可不是,匈奴欺我大汉太甚,高皇帝、文皇帝、景皇帝都忍气吞声,如今咱们圣上,雄心壮志,一心要反击匈奴呢,只恨战马比不过人家,吃亏得紧。现在养马成了国策,你们两个小子还敢玩忽职守?要是马匹受寒病了,你们的脑壳还保得住?不知深浅!"

原来事情这么严重,难怪厩令发脾气了,我们也有些后怕。

②

终于有一件事情可以确定了,那就是我们穿越到了汉武帝时代,成了养马的马夫。

社会地位可谓一落千丈。在商朝，我们风风光光地当巫师；在秦朝，虽说是大兵出身，可是后来给始皇帝当保镖，当司机，监修长城，建造帝陵，那是何等的荣光！现在可好，在这个荒无人烟的草原上当了个"弼马温"，天天挨厩令的白眼，稍有不慎，还可能被砍头，真是越来越没法混了。

"看来从今往后咱哥俩得夹着尾巴做人了。"我告诉子满一些基本史实，"汉朝历史我还是懂点的，汉武帝雄才伟略，是跟秦始皇齐名的千古一帝，匈奴纵横百余年，到了武帝时代嚣张不起来了。"

"这么厉害啊！这是好事啊，怎么说我们要夹着尾巴做人呢？"

"你哪里知道，汉武帝能够打败匈奴，靠的就是骑兵。什么叫骑兵？骑马打仗的士兵。马是头等重要的事。马不顶用，大汉绝打不过匈奴。马政成为国策，我们这些养马的人能不小心吗？稍有疏忽，养不好马，咱们就死无葬身之地了。"

"这么说来，马倒成了咱们祖宗了？"

"这么说也不算过分。不过凡事皆有两面。一面养不好，要杀头；一面养好了，咱们可就立了大功，将来驱逐匈奴的功劳簿上，可得写上咱们兄弟一笔。"

"命苦！养马咱们可没经验，只怕要坏事！"子满不无担忧地说。

"整治甲骨、制造陶俑你有经验吗，不都被你拿下了吗？世上无难事，只怕有心人！从今以后，咱们得拿马当亲人，可不敢掉以轻心。"我鼓励子满，也给自己打气。

"得！咱俩也别在这瞎担心了，赶紧去看看那群祖宗吧！"一句话说得我们都笑了。

我们携手来到马厩。群马吃喝完了，正卧在地上闭目养神。还别说，不了解事实之前，我们对这些长脸动物没啥感觉，就是跟驴子、骡子一样的家畜嘛，没什么金贵的，可是现在却觉得它们都成了神骏，一个个气定神闲，威风凛凛，比我们自己的性命都重要。

"各位祖宗，子六、子满给你们行礼了，祝愿各位日后膘肥体壮，健步如飞，在战场上跑得比匈奴马快，保佑我大汉将士多打胜仗！"子满神神道道地、不停地祝祷。

这些骏马好像听懂了似的，都睁开了眼，打量我们哥俩。一股亲切感油然而生，我不禁上前摩挲它们——厚实的肉，坚硬的骨架，硬硬的鬃毛。有一匹马将头贴在我胸前，不住地蹭，主动地让我摸它的头，还打着响鼻，算是回应我。

"子满，你也摸一摸马，我感觉它在跟我交流，就像老朋友一样！"

"是吗？看来老哥你有当马夫的天赋。"

子满也去摸马。出乎意料的是，那些没被摸到的马也凑过来，或在我们身上嗅上嗅下，或用它们灵活的脖颈在我们身上蹭来蹭去，要不就是用牙齿轻啮我们的衣服。那种"一见如故"的亲切感顿时洋溢开来，原来我们哥俩还真的很有"马缘"。

从那时起，我们就一心一意养起马来，白天放牧，替它们瞭哨，寻找水草肥美的牧场，还要给它们梳毛——把它们代谢下来的毛刷掉，还要给它们捉马虱，这些可恼的小虫最讨厌了，经常骚扰得马儿不能好好吃草；到了夜晚，我们提前给它们把马圈收拾得干燥洁净，食槽和水槽都准备妥当，让它们坐卧皆得安宁。我跟子满分上下夜值班看护，分分秒秒不敢懈怠。

如此过了不知多久——养马就有一个好处，"寒尽不知年"，在跟战马耳鬓厮磨的岁月里，早把年月日时的概念淡化了，只知道了白昼、夜晚。有一天夜里，正赶上我当值，我端着草料去喂马，俗话说，"马无夜草不肥"，夜里正是给战马长肉的好时候，突然有个白色的影子在马厩里闪了一下，就不见了。

我心头一凛，难道是进来盗马贼了？

我警觉起来，一只手从裹腿中掣出了随身携带的匕首，紧扣在手中，然后蹑足潜踪，朝白影消失的地方悄悄走去。

3

我躲在马厩的柱子后边，朝白影消失的方向窥视，发现白影不是消失了，而是隐在一匹马的后边，因为夜色黑暗，看不清楚那白影在做什么。

过了一会儿，那匹马霍然而起，奔突腾跃，几次把两只前蹄扬起来。我借着从厩顶的缝隙照射进来的月光看去，这匹马的小腿上，也就是马蹄微微上面一点的部位，有两股白色的毛。当那马奋力往后踢的时候，后蹄上也有。

我正在称奇，马头又突然上下、左右摇晃起来，一边摇晃，还一边嘶鸣，显然是受了刺激。让我惊叹的是，那马的肩膀端上也是一团雪白。

我长了这么大,穿越了两朝,从来没见过如此神骏!

那匹马眼看着要脱缰,我心想:盗马贼好大的胆子,竟敢到御马苑来偷马,不是匈奴的奸细,就是职业大盗。

当时我也顾不得许多,把明晃晃的匕首一亮,高声断喝:"好个盗马贼!偷盗御马可是死罪,还不出来受死,难道要官军来抓你吗?"

那马一见是我,仿佛见到了主心骨似的,突然安静下来,两只眼睛直盯着我。

"盗马贼,有本事出来单挑!"我朝着马背后的白影喊道。

好一阵沉寂,空气仿佛凝结。我也不敢上前,那白影也不出来。也不知道过了多久,夜色更深了。那白影忽然转到马前,我竟然没觉察出他什么时候移动过来的。

我吓了一跳,难道遇到鬼了?壮着胆子,问了一声:"什么鬼?"

一个苍老的声音说:"小孩子不懂礼貌!你看看老朽可是鬼?"

我一手拿着匕首,一手打起火镰,火光如豆,却也照亮了马厩。我这才好好打量那白影——原来是个须发皆白的

老者，白发稀疏，并没有绾住，倒是胡须要多于头发，一片银髯散满前胸，浑身上下一袭白袍，如霜似雪，宛似个玉人。脸上虽说有了皱纹，但依然精神矍铄。

看老者的这副打扮，应该不是盗马贼，我悬着的心放下来，施了一礼，说道："老先生，刚才不见真身，言语多有冒犯，望您海涵！"

老者朗然一笑，说道："后生有胆有识，可教！可教！你可知我到你这马厩中，为了什么？"

"晚辈不敢妄断，不过您夜入马厩，直奔此马，肯定是大有文章！"

老者手抚长髯，说道："小子倒有识见，你见这马有何异处？"

我养马也有一段时间了，虽不敢说相马无数，但也见识过不少好马，说道："此马是夜来神，别的马到了这个时辰早已沉睡，此马却警醒得很，您来的时候，别的马毫无警觉，它却如同等您一样，以此推断，您肯定不是第一次来。"

"小子，你比你那位老弟可警觉多了，老朽多次造访，或前半夜或后半夜，你那位老弟竟然毫无觉察。"

"老先生到此究竟为了何事？"

"正是为此马而来！刚才你说这马是个夜来神，并没有错，如今天下的宝马良驹，夜里能够如此警醒的也不多，但这并不是此马的妙处。此马妙在'蹄踏四方雪，肩担一片霜'，你好好看看，是也不是？"

我忽然醒悟过来，可不是吗，四个蹄子和肩膀头上都是一团白毛，好像戴霜履雪一般。我兴奋地问道："难道这是一匹千里马？"

"岂止是千里马？它可是千里马中的千里马，乃是传说中的五明马！我几番前来，就是担心这里的厩令、厩丞不懂得爱惜，把这匹神骏给耽误了，可是自从你们小哥俩来了，早晚侍弄得尽心尽力，我才放心。今夜前来，本是来跟这匹马告别的。"

老者回过身去，不住地摩挲那马。那马也跟他亲近，人和马难舍难分。

我大受感动，说："老先生放心，有我跟子满在，绝不会亏待这马，更不会埋没它！"

第 2 章
相马奇人

①

　　老者的眼光始终不离开那匹五明马，抚着马背，感慨道："老朽一生相马无数，直到暮年才遇到这匹神骏，乍要分别，万分难舍。怎奈缘分已尽，现在有了真心爱护它的人，我可以放心了。"

　　我好奇地问道："老先生一生相马无数，莫非是位相马大师？"

老者大笑，说道："什么大师不大师的，不过虚名罢了。实不相瞒，老朽在你这年纪的时候，曾给始皇帝养过马；长大后，又给高皇帝养马；文帝、景帝的时候，游历天下，遍相天下奇骏，画成图册。几年前，我在河西游历，遇到这个小马驹，当时惊为神马，把它辗转送到御苑，嘱咐这里的厩令好生饲养，将来作为马种，改良汉马，可惜这里没一个懂马的，甚至连个有耐心的人都没有，所以不得已我才常常半夜来照顾这匹小马。"

听了老者之言，我忽然有种他乡遇故知的感觉，我几乎脱口而出：您给始皇帝养过马，我们还给始皇帝站过岗、赶过车呢，这么说来，咱们还是旧僚，现在又在大汉相遇了，缘分啊！

可是，这话怎么说出口呢？人家要是不信，那可就糗大了。我只能说："景仰！景仰！"说着就深施一礼。

老者拦住我："刚才说这小马有了真心爱护它的人，指的就是你们兄弟。自从你们小哥俩到了这马厩，虽说养马的知识、技能称不上广博，但对这些马却是一片赤诚真心，把它们当成亲人去看护，小马交给你们来养，也是它的福分，我也放心。"

我当时灵机一动，说道："老先生，您说我们养马的知

识技能还差很多,还望您不吝赐教,教我们养马、驯马之术,以便我们能更好地呵护群马!"说着我又跪下磕头,心中充满了虔诚。

老者笑道:"小鬼头!是不是方才听我说有相马图册,心中就惦记上了?"

我也咧嘴一笑:"遇高人不可交臂失之,这可是我做人的准则,咱们都是爱马之人,您若能把您养马、驯马的本领教授我们一些,我们兄弟定不敢忘您的大恩大德,普天下的神骏宝马也要谢您呢!"

老者仰天大笑,说道:"孺子可教!我此来确有传授你们相马、养马之术的意图,老朽年纪大了,没有多少光景了,这一肚子养马的本事,可不想带到棺材里去。这样,你去把你弟弟唤醒,我来教授你们。可有一样,此事要保密,不可让其他人知道!"

我赶紧磕头叫师父,老者捋髯颔首一笑,把我扶起,叫了声:"子六!"原来师父早就知道我们的名字。

我赶紧去叫子满。子满上半夜当值,此刻睡得正香,我三推四推把他唤醒。他揉揉眼睛,一脸不情愿,说道:"马毛梳了,马料添了,又都饮了一遍,为何还不让人睡觉?"

"傻瓜，快起来，有奇遇！"我揪揪他的脸，又拽拽他的耳朵。

一听有奇遇，他突然来了精神，忙问："奇遇？天子犒劳我们了？莫不是要升我们的官？"

我给了他一个脑瓜崩："小官迷！不是天子封赏我们，是仙人来传授养马术了！"一听到"马"字，他立刻翻身起来，"马怎么了？惊了夜了吗？"

无奈之下，我揪着他耳朵来到马厩。子满一见仙人一般的老者立在那里，当时就看呆了。我上去拉着他又跪下，说道："师父在上，请受弟子一拜！从此立志向学，不敢懈怠！"

老者欣然一笑，扶起我们，说道："养马自是天道，也是人道。从明夜起，我每天三更来传授你们马术，你们好生学习，不可荒疏！"

我们再叩头，抬起头时，一团白影已然飘然而去。

从那时起，我们俩取消了上下夜轮值的惯例，开始一同值班，一值一整夜。三更前我们尽量休息，从三更到五更跟老者学习马术，五更天亮之后，稍事休憩，便把马轰出圈，赶到大草原上放牧。日子就这样流逝着。

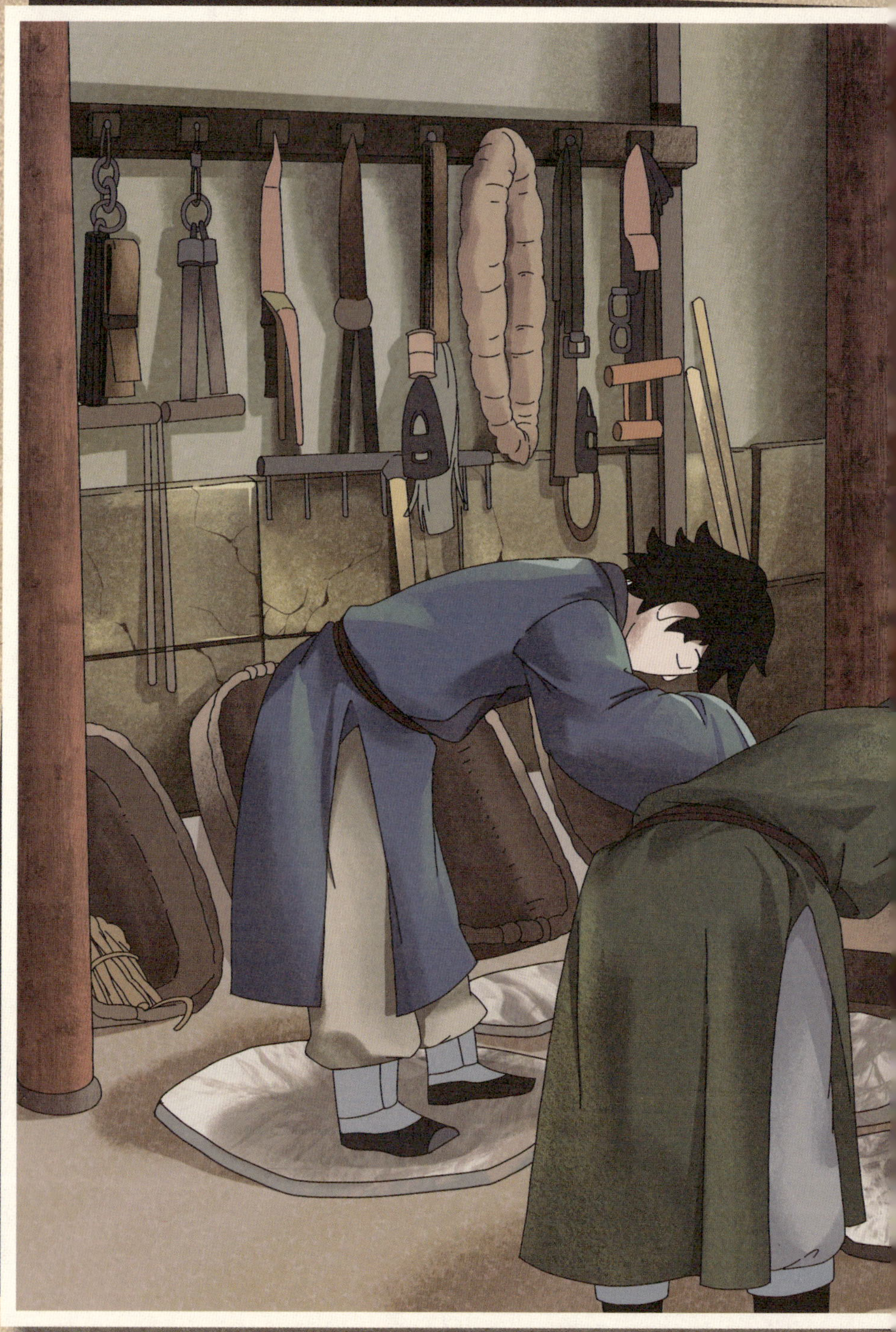

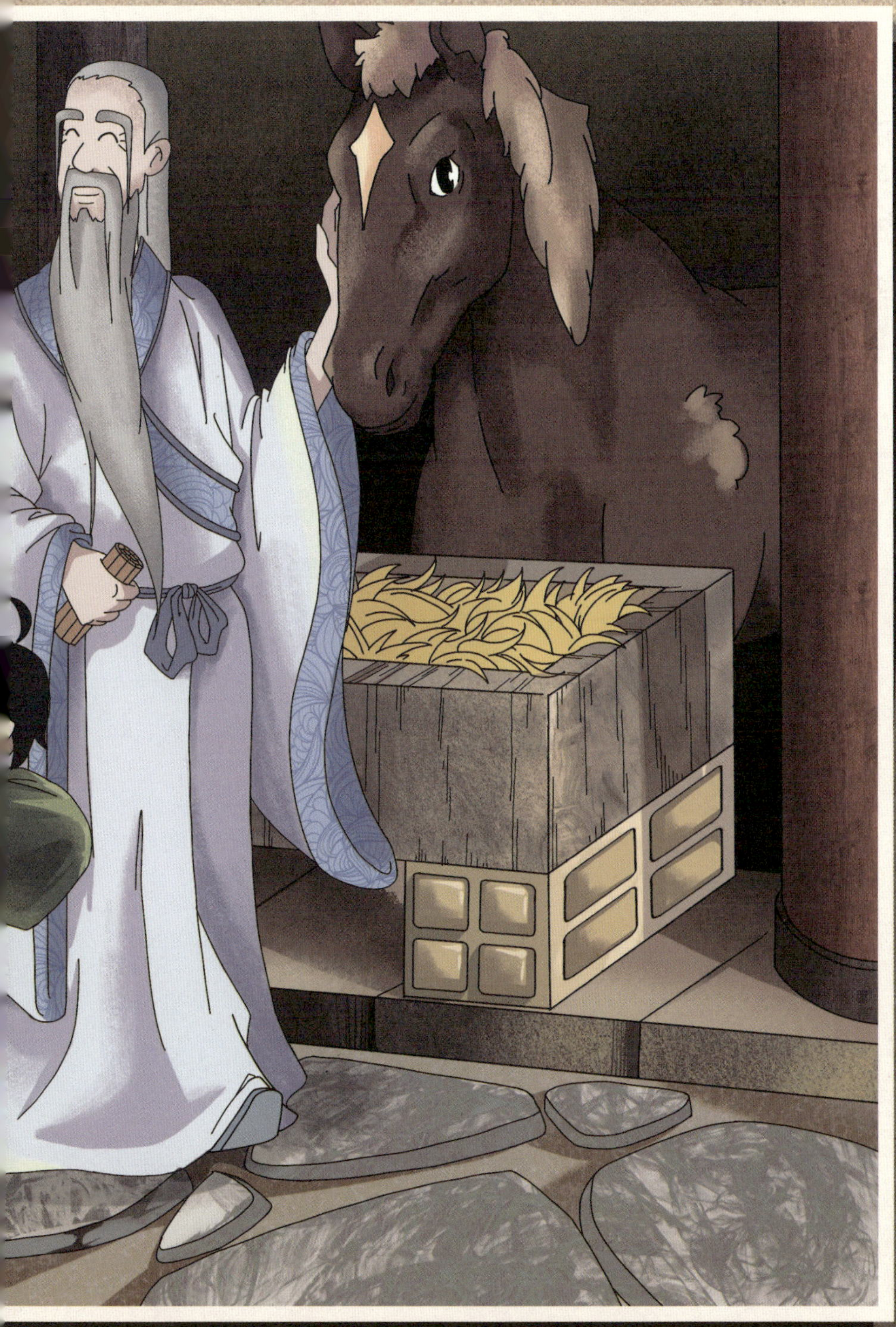

2

春秋代序，日月轮转，转眼又不知度过几许年华。这一夜四更时分，老者授完课，对我们说："徒儿，屈指一算，数岁光阴，此时此刻到了咱们师徒分别的时候了。"

我们立刻跪下挽留道："师父，您老年事已高，为何突然就说分别，徒儿还想给您养老呢！"

"你们的好意为师心领了，可是为师虽然老迈，却尚未到养老的时候。如今我会的，已然全都教给你们，你们还要勤修苦练，在实践中体会，方不负为师一番苦心。养马之道，全在'用心'二字，切不可把马当畜生。若视马为畜生，马自然以异类待你，不服你管；若视马为亲人、同类，马自然受你降伏，听你管教，与你亲善！切记！"

"谨记师父所教！不知师父要往哪里去，师徒可有后会之期？"

"实不相瞒，为师此次离别是为了一件大事，也与马有关。我大汉朝自从高皇帝以来，深受匈奴苦楚。高皇帝讨伐匈奴，受白登之围，简直是奇耻大辱；匈奴单于写信给吕后，字里行间充满不恭猥亵之词，吕后受辱，引为国耻；文景二帝，无力驱逐匈奴，几番屈辱和亲。当今天子雄才大略，誓要驱逐匈奴，剪灭外寇，可惜战马不济。我正要为此事奔走。听说西域出良马，我此行就是要往西域去，查访良马，引入汉朝，改良马种，助我大汉骑兵早日反击匈奴！"

师父说得慷慨激昂，让我们肃然起敬。

"师父，您放心，我们一定好好养马，绝不辜负您的一番苦心！"

我们伤感落泪，不忍心跟师父分别。

"此去西域，若是有了进展，我自然会想办法通知你们，你们且安心养马，把五明马养大，并按照我的方法和图册，遴选良驹，好生驯养，这可是天大的功劳！"

我抹了抹泪水，请求道："分别之际，还请师父为那匹五明马命名！"

师父手捻须髯，沉吟再三，说道："暗夜幽影至，五明奋蹄嘶。不如就称它为'幽影'吧。"

子满突然想起来一件事，问道："弟子还有一问，他日若有人问起：你们师承何门？所学何艺？弟子们当如何回答？"

师父笑说："可知春秋时的伯乐？伯乐原名孙阳，字子良，乃是相马大师，曾在秦穆公时做过将军，传下相马一门

绝技。孙阳死后，相马门的掌门人都以伯乐之名相称，为师号为伯乐子明，你们记清了！将来若是有了急难，养马这个行业，提起为师的名号来，还是有人买账的！"

伯乐子明临走之前，再三殷殷嘱咐："一定要好好修习马术，不可荒疏懈怠，否则为师绝不饶你们！"

师徒们洒泪分别。我跟子满目视师父的背影消失在眼帘，才恋恋不舍地回到马厩，心想：师父一把年纪了，还要为国而辛苦奔波，我们这些年轻后生有什么理由懒散懈怠呢。

幽影或许也知道师父远去，向着西方奋蹄长嘶，算是作别。

伯乐子明所教授的内容，分为相马、养马、驯马三个部分。他老人家教授的时候，子满都做了笔记，如今他老人家去了西域，我们在养马的过程中遇到了不解的问题，还要时常翻看笔记，才能解开疑难，增进技艺。

在一个寒气陡然而降的秋夜，我跟子满刚把新送到御苑的战马分好了类——战马分为三类：一类为优等马，作为骑兵冲锋陷阵的；一类是中等资质的马，作为战斗中的副马，为骑兵和主战马驮运军械和战时物资；一类是资质稍劣的马，作为后勤补给之用。三类马有三种不同的养法，因此要分得明确,有的放矢——就见老军头气喘吁吁地跑来,喊道:"子六!子满!出事了!"

3

我扶住老军头,道:"您慢点,天塌不下来,就算塌下来,还有我们年轻人顶着呢,您这么大年纪了,犯不着着急!"

"你小子还犯贫!快去看看吧,好几匹马出事了,浑身上下出黑汗,喘得要死。据说是吃了不洁的东西,厩令盘查一下,正是你们哥俩该管的马匹,因此要砍你们的头。我好心来告知你们,你们还拿老汉打哈哈,真真该死了!"老军头颤巍巍地说。

我们也不敢开玩笑了,赶紧赶到马厩。厩令正在那大发脾气:"这两个小子怎么还不来?要是死了马匹,我把他俩皮剥了,粘上马皮,给我当牛做马去!"

果然，空地上卧着几匹马，浑身上下的毛孔里冒着黑色的汗珠，浓得像墨汁一样，还发出恶臭，这些马双眼无力地眨着，看见我们来了，可怜巴巴地瞅着，流露出无限的痛苦。当时心疼得我们连跟厩令打招呼的心情都没有了。

我跟子满过去，分开查看病马的情形。这要搁在以前，肯定是难住我们了，可是自从跟伯乐子明学了马术后，马病的各种情形我们了然于胸，虽然这些马病得怪异，但怎么救治，我们已然有了方案。

我向子满使了个眼色，说道："老弟，分开治？"

"好嘞，老哥，用不同的方法治，也试验一下咱们所学！"

厩令可气坏了，咆哮道："快把这两个崽子抓起来！长官在此，不来拜见，先治你个藐视长官之罪；牧马疏忽，致使马匹冒黑汗要死，再治你个祸害国家战马之罪。两罪并罚，我要不剥了你们的皮，我就不当这个厩令了！"

子满一脸鄙夷，提醒他道："长官，睁开你的眼看看，马还没死呢，你要是再不让我们施治，马真死了，你也难辞其咎！"

厩令一听也不敢作声

了，悻悻地说："赶快施治！治不好马，你们两个别想活着出去！"

我赶紧让人拿来抹布，把马匹身上的黑汗拭净。然后又让人去找干燥的马粪来。干燥的马粪并不难寻，马粪堆里多得是。一众养马的人都稀奇，马出黑汗，找马粪干吗，而且还要干马粪，不知道我们葫芦里卖的什么药。

一会儿，干马粪来了。我让人找来瓦，把马粪置于瓦上。我遍观诸人，发现只有老军头头上发丝蓬乱，我便对老军头说，"还得借您老人家一物！"没等他反应过来，我已用匕首削了他几缕头发下来。我把头发斩为数截，放到马粪上。

然后我取出火镰火绒，打起火来。火点燃瓦片上的马粪和人发，呼呼冒出黄色浓烟。我赶紧拎着瓦片，把浓烟滚滚的马粪放在马首下。那马吸入黄烟，呛得眼泪直流，又是摇头晃脑，又是打响鼻，又是打喷嚏，折腾了有一刻钟，便消停下来。

大概过了一顿饭的工夫，再看时，马的黑汗止住了，精神也恢复了，发出了要喝水的信号。我赶紧招呼人打水来，引导马匹小口饮了几口。马站起来溜了一圈，又生龙活虎起来。

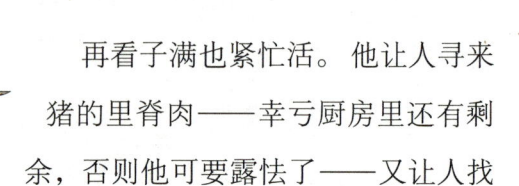

再看子满也紧忙活。他让人寻来猪的里脊肉——幸亏厨房里还有剩余，否则他可要露怯了——又让人找来硫黄，以及人的乱发。可怜的老军头，就这样被我兄弟俩割了两次头发，也怪他不修边幅，乱发飘摇。

子满把这三物点燃了，也把黄烟引到马鼻下，让马匹嗅了。一会儿，马匹果然也止了黑汗，起死回生。

病马起死回生，厩令也无话可说，也不剥我们皮了，最后找台阶下，说道："要不是看你们治好了病马，本官定将你们剥皮！死罪可免，活罪难逃。拉下去打二十板子，让你们长长记性，以后谨慎养马！"

我们也知道这厮找补呢，想想也就忍了。

幸好众人见我们神技救了病马，心里都想着日后难免要麻烦我们，因此打我们板子的时候，都轻轻地下手，我们兄弟就像有人给挠痒痒似的，倒也无伤。

第 3 章

神马紫电

① 1

假如世界上有一种生活堪称惬意的话，那一定要数牧马了。

一望无际的蓝天，洁白的云朵，延伸到天际的草原，蜿蜒流淌的溪流，安详恬静地吃着草的骏马，偶尔还有低空掠过的雄鹰和翘首张望的草原鼹鼠。在鸢尾花开放的时节，还有繁星一般璀璨艳丽的花朵和翩翩起舞的蝴蝶。如果从

天空俯视，简直就像一块五彩斑斓的画布。

从"黑汗事件"以后，厩令对我们再也不敢颐指气使，说话变得客客气气，关于养马的事，都要先来征询我们的意见，就算是我们野营放马——有时候我们会赶着马群往水草最丰美的地方去，路远回不了营地，就要在野外扎营——现在也不会管了，谁让我们有"神技"在身呢，这在以前是坚决不被允许的，因为风险很大：一是多变的气候，二是突然而至的匈奴骑兵。

我们在野营的时候，望着满天星斗而眠，生一堆篝火，警告草原狼远离。

如果幸运的话，还可以猎到几只肥美的草原鼹鼠，宰杀了，就着溪流的水冲洗干净，架到火上慢慢烤，很快，整个营地就会肉香四溢。

不夸张地讲，子满的口水比那蜿蜒流淌的溪流还要长呢，当然我也好不到哪去。只能说我的野外烤肉技术实在太厉害了。

在一个初秋的夜晚，天上璀璨的星辰一团一团的，既热闹又深邃。我们把马圈进临时搭建的木栏里，四下里点燃马粪。马粪耐烧，产出的火苗可以抵御秋露寒凉。

把马都安排好了，子满咧着嘴，跑到溪边木架子那里，把早就拾掇干净的鼹鼠捧过来，一脸馋相，说道："老哥，肉洗干净了，篝火生旺了，佐料备齐了，剩下的可就看你的了！"

"你就瞧好吧！"

我洗了手，轻车熟路地烤起鼹鼠肉来。草原鼹鼠，以草原上肥美的虫子和鲜嫩的草根为食，肉质相当肥美筋道，再加上我亲手调制的烤肉料，吃上一口，保证给个神仙做都不换。

当香味飘溢出来的时候，子满又是给我披衣，又是给我倒酒——有时候为了抵御寒气，我们会带点酒——那股子殷勤劲，别提多腻歪了。我鄙夷地望着他，说道："你小子有了好吃的，才想起来服侍你老哥来！"

"谁不知道，子六烤的鼹鼠肉，今天吃，明天死，都不后悔！"

我俩正贫嘴，突然坏事了——平地里起了一阵狂风，卷起铺天盖地的黄沙来，直吹得星光黯淡，草木含悲。那风沙仿佛一股黑色浓烟，萦萦绕绕由远及近刮来，又像是个无边巨兽，张开血盆大嘴欲吞噬万物。

我先抬头望见了，肉也顾不得烤了，喊道："子满，快去护住马匹，别惊了它们！"

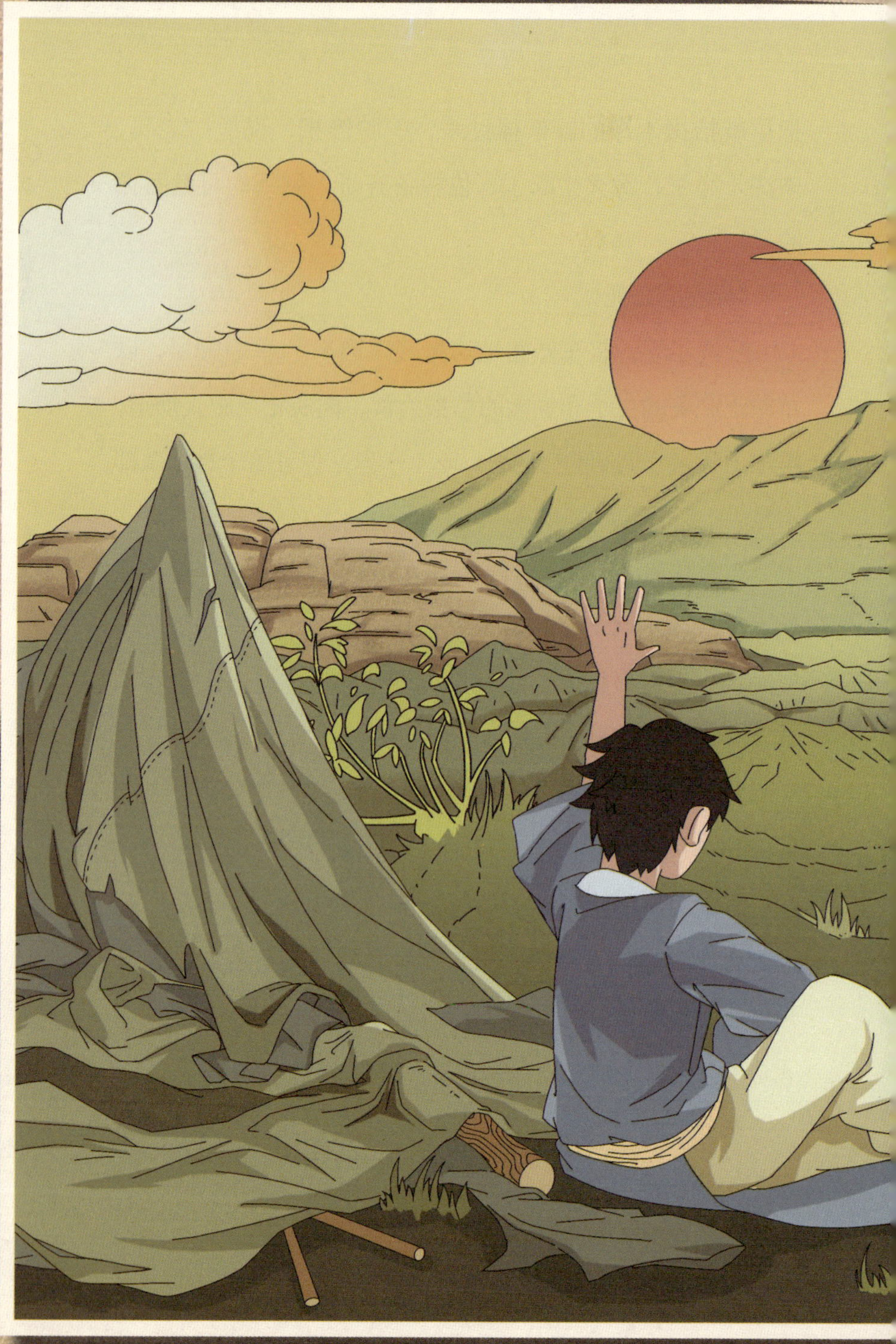

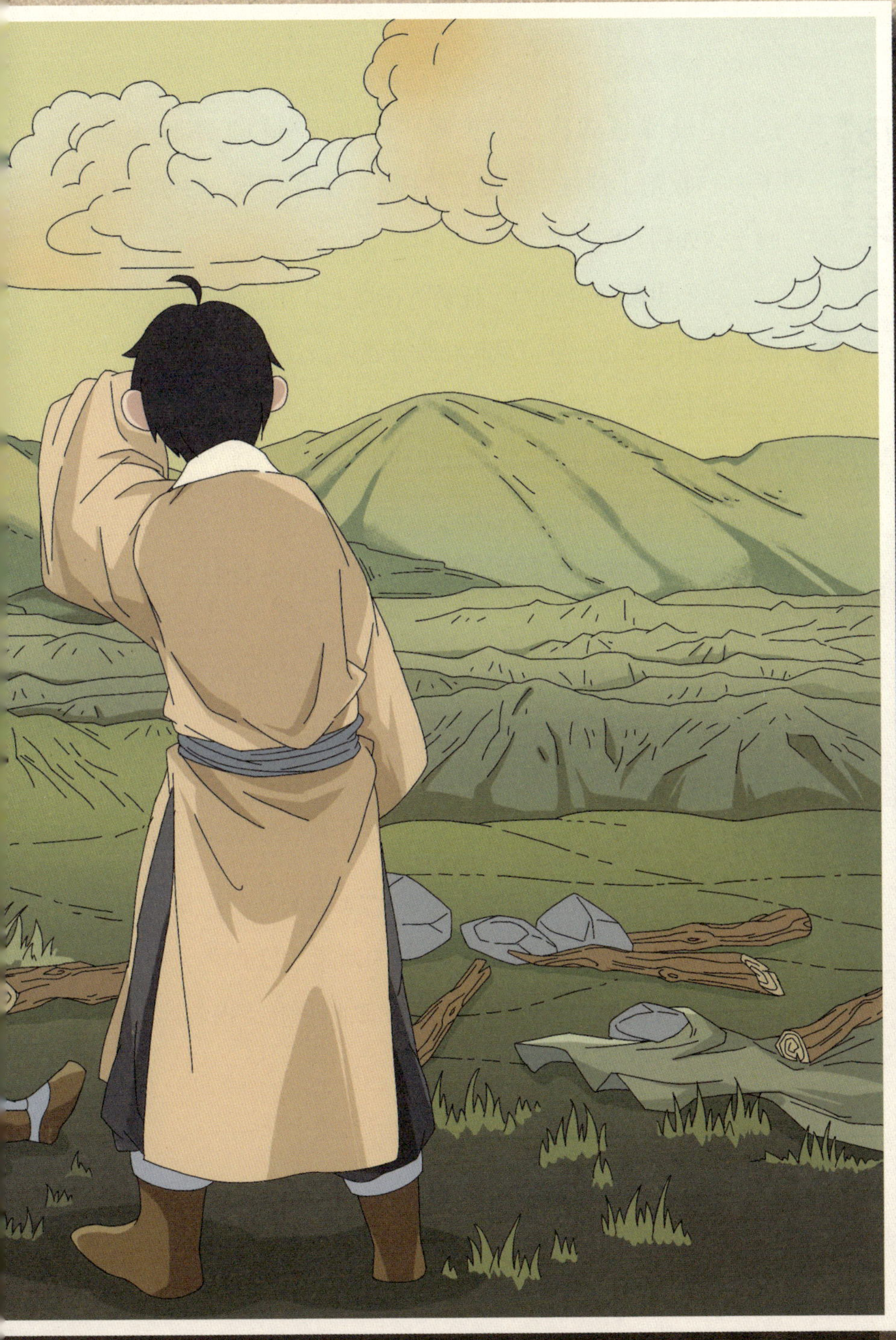

还没等子满答应一声呢,风沙就横扫千军地杀到了——吹跑了营帐,刮倒了栏杆,吹灭了篝火,沙粒打在脸上,如同刀割。

我们也顾不得别的,赶紧趴在地上,用衣服盖住头脸,像传说中的鸵鸟一样,撅起屁股等着风沙过去。

也不知过了多久,我的头埋在沙堆里,耳朵似乎听到周遭安静了,便奋力把头从沙堆里挣脱出来,一看,东方已经泛红了,一轮红日喷薄欲出。

草原上黎明的景象太震撼了,一时之间让我们忘了昨夜风狂沙猛的梦魇了。

子满也露出头来,贪婪地呼吸着清晨的甜香空气,嘴里埋怨道:"这该死的狂沙,白瞎了我一顿烤肉!"

马的身躯高大,早早都从沙堆里站立起来,有的已经开始新一天的美食之旅了。

我突然感到安慰,跟子满说:"塞翁失马,焉知非福。这场狂沙倒免了咱们这些宝贝马儿的寒露之苦了。"

我环视满地狼藉的营帐,忽然眼睛一亮,指着远方喊道:"子满,快看,那是什么?"

子满顺着我指的方向看去,眼睛也是一亮。

2

在无限苍茫的雄浑大地上,在碧绿草原的淙淙流水旁,出现了一只小马驹,引得我们看直了眼,心里生出无限的好奇来。

这只马驹大概只有三四个月大,通体黝黑,但毛色呈现淡淡的紫色,远远望去就如同一团紫色的火焰。它时而低头吃草,时而对风长嘶,姿态高调优雅,惹得我跟子满眼睛都不眨,嘴里发出啧啧的赞叹声。

"老弟,这场风沙原来不是白刮的,你看,老天降宝了!"我兴奋地说。

"老哥,你被风刮糊涂了吧,是不是发烧了?"子满嘴里说着,眼睛却不离那马驹。这小子是个识货的,一般的马他才懒得多看呢。

"还说不是宝,你的眼珠子都掉出来,这马驹比幽影如何?"

"老哥,你的眼光可真犀利,这是个好苗子,要是能驯服了,将来不比幽影差。你看那根基,那饱满的肌肉,那骨架,那额头、鼻子,那眼神,简直就是世外绝品啊!不知昨晚这场风是谁刮的,竟然刮来一匹稀世罕见的宝驹!"

"瞧瞧,还说我发烧呢,我刚说老天降宝,你就说出这么一篇宝驹论来,还说不是遇见宝了?不过,看这架势,这团紫火不好驯服,你有没有把握?要是驯服不了,白白跑掉了,岂不可惜了!"我暗暗将了子满一军。

"老哥,别说风凉话,当初咱们跟师父学艺,你侧重相马,我侧重驯马,都兼修了养马,现在可是老弟我一显身手的时候,你可得在旁边照应着点。"这小子倒学得会说话了。

我来了精神,说道:"老弟,那你还等什么,还不赶紧驯服了这团紫火!"

子满站起来,把身上的沙粒掸干净,在四分五裂的营帐下面翻来翻去,找出套马杆来,又备好绳子、马鞭和匕首,收拾利落了,轻移步伐,慢慢向小马驹走去。

子满的步履极轻,当他接近马驹的时候,马驹浑然不觉。子满塌下腰去,半匍匐着前行,眼看着距离马驹不足丈远了,他猛地把套马杆挥出去,直奔马驹的长颈。

在我看来,以子满过去驯马的经验,此一杆子挥出去,马驹必定难逃。

谁想——上一秒还在贪婪吃草

的马驹，此一秒闪电一般跳开了，套马杆连它的毫毛也没挨着。

我暗暗喊了一声："好马！"当然了，这并不意味着子满的驯马之术不行，而是这马驹太机灵了。眼前可是一场好戏，我顾不得趴了一宿的疲累，瞪大了眼睛观战。

马驹受了惊吓，狂奔出去几十米远，感觉安全了，才继续吃起草来，渴了便到河中饮水。只是它变得警觉起来，吃一会儿，抬头瞭望一会儿，一旦有风吹草动，就跑开。

子满贻误先机，想要故技重施，已然不可能。他如遇劲敌，苦思良策。我又在边上观阵，使他压力倍增。

我这老弟也是豁出去了。他走向上游，离马驹越来越远。马驹观望了几次，发现危险远了，防范之心渐松。

子满走出去一里多地，用套马杆试了试河水的深度，河心大概有两米深的样子，正好行事。再看他脱掉衣服，用一根细绳子把头发勒紧，将套马的绳子系在腰中，把匕首绑在小腿上，然后跳入水中，顺流而下。

好家伙，当时已是初秋，虽说暑热还没有消散，但草原上昼夜温差大，清晨的水温还是有些冰凉的。这小子为了驯服这匹马驹，看来是动真格的了。

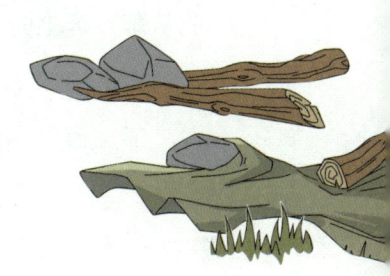

子满潜在水中，一里地并不算什么。那马驹正在河边吃草，屁股对着河流，头向着日出的方向。我在远处望着，也是正对着东方。当时火红的太阳刚刚跃出地平线，金光四射，照亮了东方大地。

我感到一阵炫目，赶紧用手去遮盖眼睛，就在这么个工夫，我就看见一片日光当中出现一幅剪影：

顺着一股饱满强劲的力道从河水中闪电一般跃出，以迅雷不及掩耳之势将套马绳套向那紫色的马驹。说时迟，那时快，马驹先是愣了一下，后来发觉了想逃，可是已然晚了，子满用飞一般的速度翻身骑到马驹的背上，死死抱住了马脖子。

马驹大惊，扬开四蹄，朝着朝霞绚烂的东方奔驰而去。

3

那惊心动魄的一幕，看得我紧张得不行。

过了许久，我的肚子都饿得咕咕叫了，才见子满骑着马驹从东方奔驰而来。到了近前，子满身上犹淌着水。

我忙问："老弟，你这是河水，还是汗水？"

子满得意扬扬地说道："往东边去的时候是河水，回来了却是汗水！这小家伙不好驯服得紧，我用尽平生所学，才将它制服！"

子满翻身下马，把马驹拴在一个树桩上，找来一些粟米，给马驹吃。"你看，这下老实了吧，赶都赶不走！"他随即要求道："老哥，要是现在能来顿烤肉，我会感激你一辈子的！"

"知道你小子好这口，你看这是什么？"我指了指河边，"你去驯马，我也没闲着，捉了两只肥肥的野兔，马上就可以开烤。我一边烤，你一边跟哥说说驯服这马驹的经历，如何？"

"烤肉跟驯马故事，绝配！"

我重新架起火堆，把洗净的野兔放到火堆上烤着，然后给子满倒了一杯热水，让他暖暖身子，催促道："快说，快说，老哥我都等不及了！"

子满就把驯服马驹的经历跟我讲述了一遍。

马驹受惊奔驰而去，子满骑在它的背上好一阵颠簸，差点没把肠子颠断，好在《驯马经》中第一要义乃是一个"粘"字——粘住就不放松，直到马匹精疲力尽为止。但粘住也不能用蛮力，要用巧劲，要顺着马性来，切不可违拗马性，否则会引起马的暴怒，有两败俱伤的危险。

长信宫灯

　　长信宫灯，中国汉代青铜器，1968年于河北省满城中山靖王刘胜妻窦绾墓中出土。宫灯灯体为一通体鎏金、双手执灯跽坐的宫女，神态恬静优雅。灯体通高48厘米，重15.85千克。

　　长信宫灯设计十分巧妙，宫女一手执灯，另一只手的袖子似在挡风，实为虹管，用以吸收油烟，既防止了空气污染，又有审美价值。此宫灯因曾放置于窦太后（刘胜祖母）的长信宫内而得名。现藏于河北省博物院。

朱雀铜熏炉

朱雀铜熏炉由圆鼎形炉身与托盘配套组成。炉盖为镂空半球形，顶端立一朱雀形纽，其下环饰三雀，各雀间分饰以折颈花卉。盖下炉身似钵形鼎，深腹，圆底，下承三蹄形足。盖、炉间有榫卯，盖可开启，便于投入香料。炉口沿处环饰三朵花卉，与盖上三花皆为五瓣状，有圆蒂。托盘侈口，折沿，浅腹，平底，亦有三蹄足。

整器造型优美，构思巧妙。盖纽朱雀扬冠翘尾，展翅远眺，似正引颈而鸣；其下小雀环而视之，似唱而和之，再间以花卉点缀，构成一幅百鸟朝凤、鸟语花香之意境。

现藏于郑州博物馆。

马驹毕竟年齿幼小,精力有限,折腾了一阵子就松懈了,子满骑在马背上不下来,因为还未驯服,一旦离开马背,再想上去可就难了。他趴在马背上休息了一会儿,觉得体力恢复了,才又支撑起来,去捋马耳。

看马是否驯服,就去摸摸它的耳朵。让你摸,没脾气,这是驯过的;如果不让摸,厉害得很,这是未驯过的;如果反抗激烈,狂咬加尥蹶子,就知道这是匹烈马,不易驯服。

子满骑上马去摸马耳的时候,那紫马驹突然立起来,前蹄乱踢,浑身剧烈摇晃,试图把子满踢倒。也是子满大意了,真的被马驹踢倒,差点把屁股摔烂了,好在绳子还套在马脖子上呢,他紧紧抓住绳子,用尽浑身解数,一使劲,翻身上了马,死死抱住。

紫马驹可不干了,狂尥蹶子,打算还把身体往树上撞。把子满踢死,如果像一般的马匹尥蹶子也就罢了,它还用"神龙摆尾"的招式,摇头晃脑,整个身体都腾空了,宛若惊龙。幸亏子满"粘"字诀用得扎实牢靠,任你翻天覆地,他自是岿然不动。

也不知道紫马驹吃了什么仙药,越摇晃越来劲。后来子满也怒了,一点点往马的头部爬,到了马脖子的时候,他一手紧紧抱住马颈,一手掣出匕首,在马驹的耳根部肉厚的地方，猛地刺了一刀。马血迸射出来，沾满了匕首和子满的手，还顺着马的额头流了一马脸。紫马驹一见血，一下子就泄了气，再也折腾不动了。

这可是伯乐子明独门的驯马秘技，一般情况下不用，只有遇到烈马，实在难以驯服的时候才会用到。

紫马驹消停下来。子满翻身下马，把绳子取下来，松松地拴在马颈上。那马惊魂甫定，走过来在子满身上乱蹭。

子满也伸手摩挲它，还取出随身携带的一点粮食（也是驯马必备的，马折腾得累了，自然要给点甜头），用手送到马嘴里。马驹甜美地吃了，才算服服帖帖了。

听罢，我不住地挑大拇指，赞道："老弟，真有你的，哥哥服了！这匹宝驹叫什么名字，你有没有想过？"

"在回来的路上我都想好了，它远望着像一团紫火，奔腾起来又仿佛闪电一般，我看就叫它'紫电'吧！"

"紫电？好名字！回去就将它跟幽影养在一起，将来都是一流的神骏！"

紫电好像听懂了我们在说它，香甜的粟米都堵不上它的嘴，朝着我们不住地长嘶。

第 4 章
闯宫献马

①

大汉天子刘彻,是一位非常了不起的皇帝,文治武功都可与秦始皇相提并论,史称"秦皇汉武"。

从汉高祖刘邦到汉武帝刘彻,大汉王朝已经走过了六十多个春秋。由于汉初施行"与民休息"政策,文帝、景帝时期出现了中国历史上第一个治世——"文景之治"。到了汉武帝时期,汉朝的经济实力得到极大发展,国家实力空前提高。

但是有一个顽疾却没有得到解决,反而是愈演愈烈了。那就是匈奴问题。

匈奴问题由来已久。早在秦朝，匈奴气焰已经非常嚣张，秦始皇就派公子扶苏和将军蒙恬修筑长城防御匈奴。到了汉朝，匈奴并没有因为汉朝的建立而变得收敛，反而变本加厉，趁机大肆掳掠。

汉高祖打算跟匈奴较量一番，结果被匈奴骑兵困在白登七天七夜，差一点儿回不到长安；刘邦死后，匈奴单于给吕后送来一封措辞极尽侮辱的信，可由于实力不济，吕后也不得不忍气吞声；文帝、景帝时期，大汉军队忙于打击帝国内部的分裂势力，不得已对匈奴采取和亲政策，汉朝的公主和使团络绎不绝地从长安驶往匈奴王廷，勉强维持和平。

汉武帝极具雄才大略，继位不久，就暗下决心要对匈奴动武，扫除这一困扰北方边境近百年的积患。

汉武帝为了反击匈奴，作出了三大部署：一是寻找军事同盟，联合打击匈奴；二是秘密练兵，培养反击匈奴的将领；三是大力施行马政，朝廷和民间同时养马，为反击匈奴的主力——骑兵，提供坚实可靠的基础。一切都是为了有朝一日能够反击匈奴、驱逐匈奴、剪灭匈奴。

汉武帝深刻地知道，汉朝的马跟匈奴的马比起来，相差的不是一星半点，要想在短时间内改善汉马的不足，殊非易事。

没有优良的马种，改良汉马从何谈起？良马多产自西域，可是通往西域的道路早被匈奴截断了。这种两难之境困扰着汉武帝，让他日夜悬思。

俗话说，日有所思，夜有所梦。天子日思夜想能有良马入汉，到夜里就做了这样一个梦：他在御马苑中休憩，突然有一匹马，从天而降，龙首马身，身上还长着肉翅，在苑中盘桓流连，久久不去。天子欢喜异常，就派人去捉，神马受了惊吓，振翅飞腾而去。天子在地上紧追不舍……睡梦惊醒，天子身上已被汗水打透。

翌日清晨，在未央宫的大殿上，天子就跟侍奉的郎官说起昨晚的梦境。有个叫张骞的郎官告诉他："陛下，您的这个梦并非虚幻，臣听说西域产良马，陛下梦里的神马一定来自西域。"

天子不无忧虑地说道："若有人到西域去，把优良的马种引入大汉，功莫大焉！怎奈路途被匈奴截断，想要出使西域也是枉然。"

天子握紧拳头，砸在大殿的柱子上，切齿道："朕不剪灭匈奴,誓不为人!"

张骞道:"臣听来往于西域与长安的胡商说,西域有一国名叫月氏国,自古跟匈奴有仇。老月氏王的头颅被割下来制成饮酒之器,供单于取乐。如果能通使联络月氏,结成同盟,夹击匈奴,则匈奴必败,西路可通,神马必从西来!"

天子听了大喜,说道:"不知道谁人可出使西域,联络月氏国,查访神马出处?"

张骞扑通跪倒,说道:"臣愿往!"

2

君臣正在商议大事,有郎官进来禀道:"有人闯宫献马!"

天子一听是有关马的事,立刻说:"让他进来!"

时间不长,一个穿着破旧西域胡服、长着乌黑络腮胡须的人进殿来,跪倒行礼如仪,说道:"参见大汉天子陛下,臣本是西域马奴,长年往返西域、河西贩马,因为匈奴人仗着马匹精良,截断了商路,使得我等没了饭吃。因一个机会,我得了一匹匈奴宝马,献于陛下。希望陛下早日改良马种,驱逐匈奴,为我等商贩打通商路,我等就感谢天恩了。"

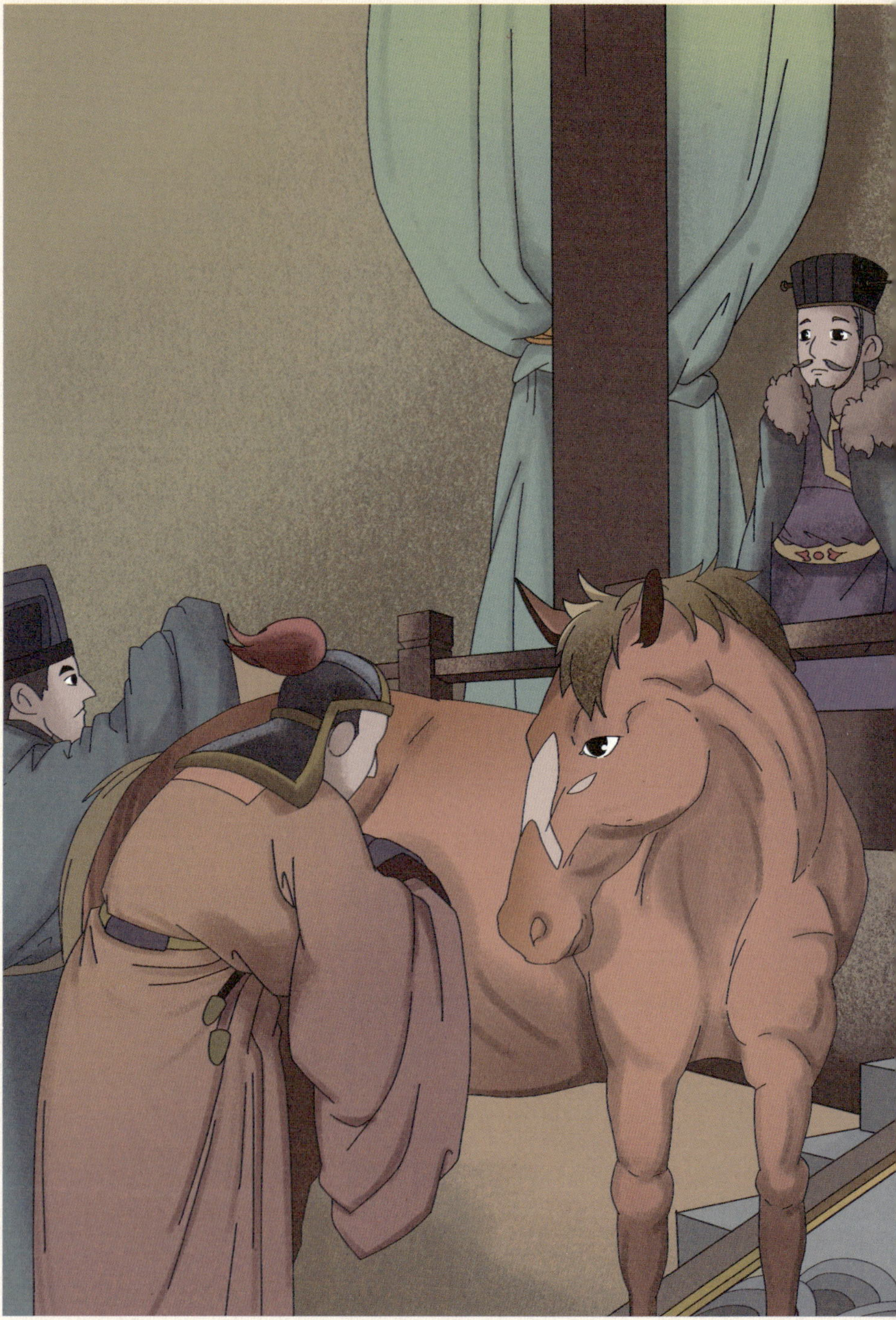

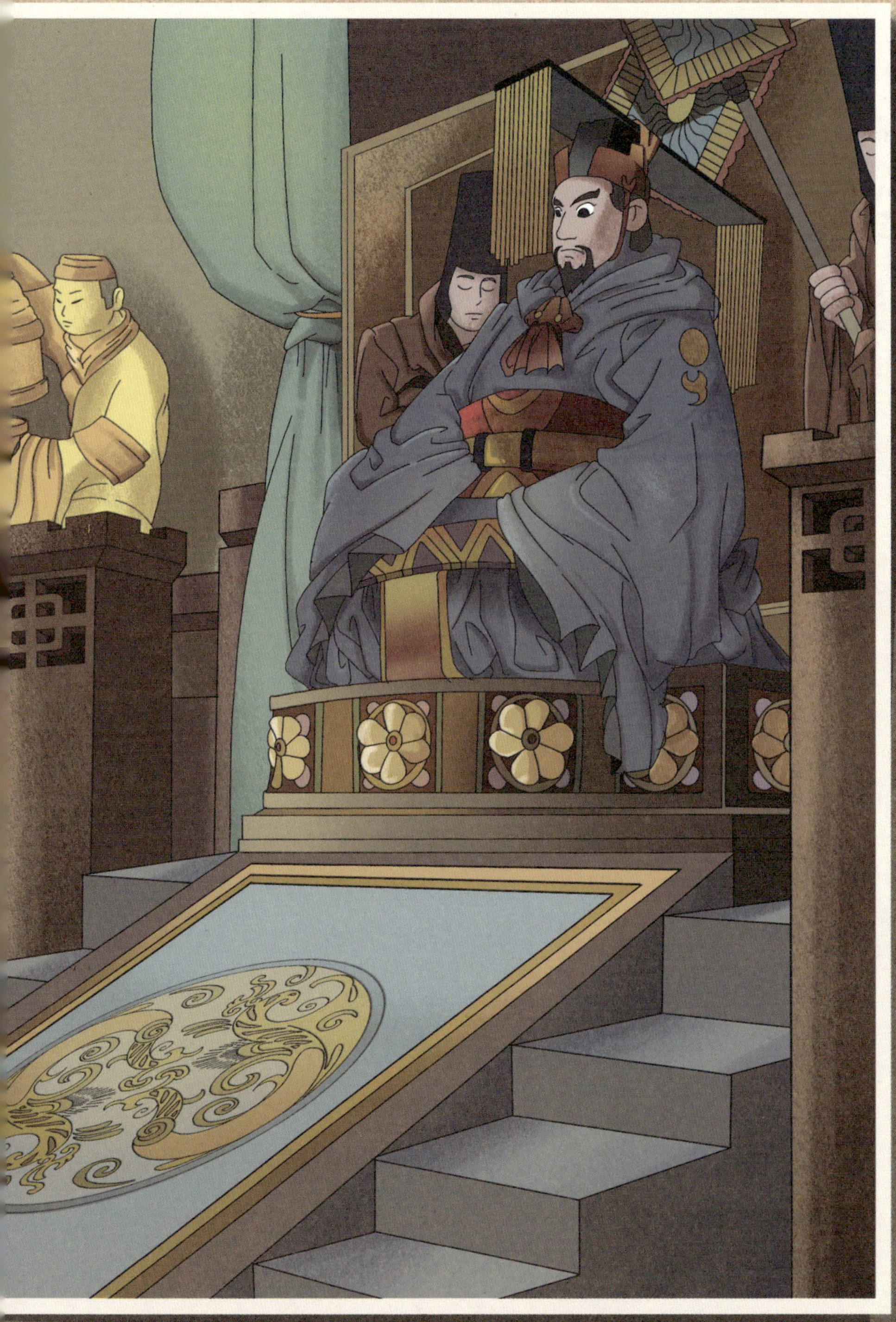

天子大悦，问道："宝马何在？快牵上殿来！果真是匈奴良马，朕定好好赏你！"

西域马贩跪在一旁。不一会儿，一匹马被牵上殿。

此时日头西转了，殿上略显黑暗。天子为了看清马匹，教人掌上宫灯。

大殿上有一列跪着的宫女造型的宫灯。宫灯由头部、身躯、右臂、灯座、灯盘和灯罩六部分分铸组装成。宫女的左手托住灯座，右手提着灯罩，灯罩由两块弧形的瓦状铜板组成，合拢后为圆形，嵌于盘槽之中。灯光从宫灯里射出，大殿立刻明亮了许多。

借着灯光，天子仔细观察那匹马：马首如龙，骨骼奇骏；两只短耳，二寸仿佛，坚如匕首；二目外突圆睁，不怒自威；肌肉刚健饱满，鼻子黑中泛赤，鼻尖有纹路如一个"火"字，上唇急而方，口中红而有光；马颈宽厚有肉，马脊平直挺劲，四蹄厚实坚硬。

天子和众郎官不住地啧啧称奇，不知道是什么宝马，就问马贩："这匹马是什么品种，什么来历？"

马贩连连摇头，说道："臣死罪，只知道此马必是宝马，却不知道是什么马。"

这可急坏了天子。他下令说："把大臣都叫来，让他们认认!"

旨意传下去,很快大臣们就都到了,围着这马左转右转,纷纷摇头,不知所出。

最后还是张骞说道:"臣听说,御马苑中有子六、子满二兄弟,最能相马、驯马,据传曾分别治愈了疑难马病——黑汗症,他们所驯养的幽影、紫电两匹神骏,虽年齿尚幼,但未来必然是大汉拿得出手的宝马神骏,不如让他们过来辨认。"

天子大为惊奇,说道:"如此能人,朕怎么才听说,快叫他们来!"

当宣旨官到的时候,我跟子满正在给紫电刷毛。

当时紫电正在换毛,换了一半,还有一半还在脱换的过程中,因此看上去好像阴阳头,丑得不行,但已经脱完的一半却显露出千里马的本质,黑中透赤,赤中泛紫,不动则罢,一动的话紫光流动,仿若闪电。

我们接了旨意,不敢怠慢,赶紧放下手中活计,立刻进宫。

未央宫里这时又点上了朱雀铜熏炉,从炉身上方飘出袅袅的香烟来,整个大殿都被这种异香所笼罩,显得既庄重又静穆。

天子上下打量着我们，问道："你们就是治好黑汗病的马丞？今天叫你们来，是想让你们看看那匹马。是不是神骏？为何种马？出自何处？"

我走到近前，把那马上上下下、前前后后、左左右右打量了几百眼，然后跪倒向天子贺喜："陛下，此乃神骏千里驹，果然是好马！"

天子大喜，问道："好到什么程度？你倒是给朕说说！"

我不疾不徐地说："此马绝非汉种，而是匈奴良种，为匈奴千里驹'雪中青'与西域良马'烈火飞'杂交而成。雪中青日行千里，烈火飞矫健如龙，它们杂交出来的马驹子，想慢都慢不下来。陛下，真是奇遇！有了这匹马，咱们御马苑可就又能改良马种了！"

天子一听，大为激动，拍手赞道："好！好！好相师！好马驹！朕就把这匹马交给你们兄弟带回养育，为朕改良汉马！"然后问我："子六，就叫这匹马为'龙友'如何？"

我赶紧道："陛下圣明！真是好名字！"

③

龙友慑于人多，隐忍脾性，可毕竟尚未被驯服，随时可能尥蹶子踢人。我担心伤着天子,就建言道:"陛下,此马野性未除,恐怕伤人,且让臣弟子满下殿驯服,然后送回御马苑养育!"

天子颔首,说道:"也好。众卿散了吧。张骞和子六留下,朕还要与你们商议事情!"

众人散去后,天子说道:"刚才与张骞计议,要凿通西域,联盟月氏,共抗匈奴,引入良马。此乃国策,刻不容缓。张骞愿出使西域,朕心甚慰,可是张骞毕竟不懂相马。朕想,若是子六、子满能够同去,一则联络盟友,二则探寻良马,一石两鸟,岂不更好?子六,你意下如何?"

我拍胸脯说:"愿为陛下效犬马之劳!"

但是,我内心里却想说:您能找别人吗?谁不知道西域之路异常难行,尤其有匈奴阻断,一旦落入匈奴之手,那是必死无疑。

可是,做人不能贪生怕死,我们哥俩要是怕死,早就混不过商、秦两代了。

天子见我毫不犹豫地应承下来,更是高兴,说道:"有你们这样的人才，天佑我大汉也！"

我忽然想起一件事来，跪下说："陛下，有一事还需从长计议。就是臣和臣弟子满不能同去。现在御马苑中有三匹神骏，幽影、紫电、龙友，都需要专人养育，还有上千匹良马需要照顾，御马苑不能少了子满，因此臣恳请让子满留守御马苑养马，臣跟张骞大人出使西域！"

天子一想，也是这个理，说："那就留下子满为朕养战马，你跟张骞前往月氏，一路上访查西域风土人情，探访名马出处，为朕将来驱逐匈奴打好前站！"

我跟张骞一起说："一定不辱陛下使命！"

天子又说："此去西域，路途遥远，吉凶莫测。朕想，或许有西域国主爱惜良马，不愿意献出，我们自然不能强取豪夺，朕的意思是钱可通神，我们多花些钱，也就是了。切不可强夺。一则有损大汉威仪，二则不利于联合诸国对付匈奴。这些话你们要好好记下。"

我跟张骞赶紧拍胸脯保证。

除了张骞跟我，还有一个重要的同行伙伴，就是张骞的好友，马奴甘父，这个人原本是匈奴人，后被汉军俘获，从此在汉地养马，虽说上了点年纪，但久在西域、匈奴、汉地间走动，极富经验，是个不可多得的帮手和向导。

就这样，以郎官张骞为首，以我和甘父为核心成员的出使西域外交使团宣告成立。另外，张骞还选了百十余材官作为护卫，为了掩人耳目，我们扮成了前往西域经商的商人。

一切准备妥当，我们请太史择定良辰吉日，向天子告别后启程。

送行那天，武帝慷慨激昂，道："大汉立国至今七十载，饱受匈奴荼毒。朕立志要改变被动挨打的局面！今天在这里送别诸位勇士，明日凿通西域，联盟月氏，寻访天马，剪灭匈奴，共建奇功！"说完，每人赏赐御酒三杯。

我们饮罢了酒，作别了天子，然后离开长安，迤逦往河西而行。

镏金马

镏金马体长76厘米，通高62厘米，重26千克，通体铜铸镏金，头部造型尤为生动，粉鼻亮眼，昂头，眼圆睁，鼻鼓，沿外翻，耳壳薄而高耸，口微张，露出牙齿六颗，两耳竖立，耳间有鬃毛，颈上刻鬃毛，做站立状，颈部和前胸肌深陷，四肢筋健明显，马身中空，为西汉时代典型的大宛马的特征。

西汉镏金马为中国出土的少数秦汉时期镏金马之一，为国宝级文物。

现藏于茂陵博物馆。

第 5 章

马陷匈奴

①

汉使团一路上晓行夜宿，往西域进发，很快就进入河西走廊。

河西走廊正是兵家必争之地。其地位于亚欧大陆的腹地，远离海洋，阳光充足，水草丰美，物产丰富。匈奴常常到河西走廊来牧马。他们把河西走廊看作禁脔，不容其他部族染指。

大汉当然也想得到这块宝地，如果占领此地，则扼住了西域乃至中亚的咽喉要道，掌握了中原与西域诸国交流的锁钥。尤为重要的是，这里水草俱佳，实在是养马、练马的好地方。

即便在与匈奴的交锋中，汉朝军队常常处于守势、弱势地位，朝廷仍然在河西走廊的东部边缘地带开辟了几处牧场，用来养马。

我跟子满当时就常常为了相马和驯马的事往返于长安与河西之间，因此对河西一带非常熟悉。当然，我们对河西的熟悉程度自然比不上甘父。

甘父指着远处一片山，说道："你们看，那里就是祁连山。那可是匈奴人的圣山。山上森林密布，又临近江水，水草丰茂，实在是养马放牧的好地方，匈奴人逐水草而居，从东到西，游牧不下万里，心中所系却只在这座大山。"

说这番话时，这位匈奴奴隶出身的老人，脸上浮现出无比虔敬的神情。

我也不禁感慨道："是啊，这一带大部分地区都是浩瀚的荒漠，生存环境极为恶劣。但在这广漠之中，又有许多的绿洲连缀起来，成为河西的一道风景。不得不叹服造化神奇。"

甘父惊奇地望着我——他一定认为，我如此小的年纪，绝不会这么了解这片土地，良久才说："要说神奇，绿洲并算不上。大家都知道水草之美、马之壮，殊不知盐才是河西走廊之魂。不但人需要盐，马匹更是离不开盐。你是养马的高手，一定不用我多说！"

张骞笑道："这还用说！朝堂之上，满朝文武都不识得的良马，唯有咱们子六兄弟识得，你说是不是高手？"

我谦笑道："张将军谬赞了，我不过是学过几天养马之术，何足道哉！倒是甘老爹放牧多年，往来于汉地与匈奴之间，颇熟悉两边的情形，一路上我倒要多多请教！"

甘父笑声爽朗，道："但凡我所知道的，对你们绝不隐瞒。咱们出使西域，必然一路艰辛，凶多吉少也是一定的。咱们须得心往一处想，劲往一处使，方能战胜艰险，完成大任。倘若各怀私心，不用匈奴人攻击，咱们自己就先败了。"

张骞和我都深表赞同，又说了一会儿闲话，方催马跑起来。

马儿奔驰，两旁绿油油的草地一闪而过，远处雪峰矗立，雄鹰低翔。

正往前行，忽有一队骑兵从地平线绝尘而来，由于速度太过迅疾，所过之处烟尘障天。骑兵骑着一色的黑马，宛如一道黑色的闪电，从远处山坡上俯冲下来，眨眼间就到了我们近前。

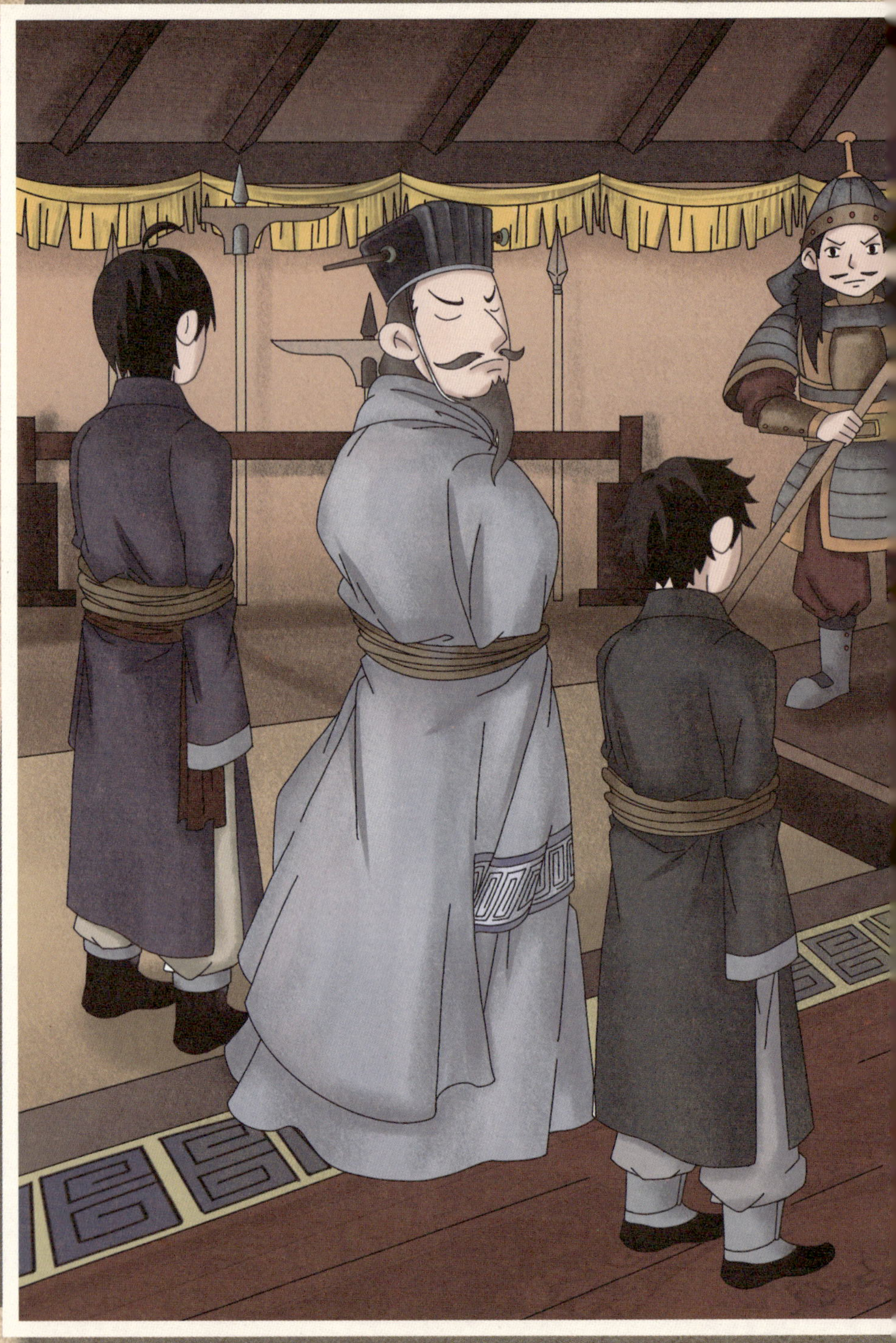

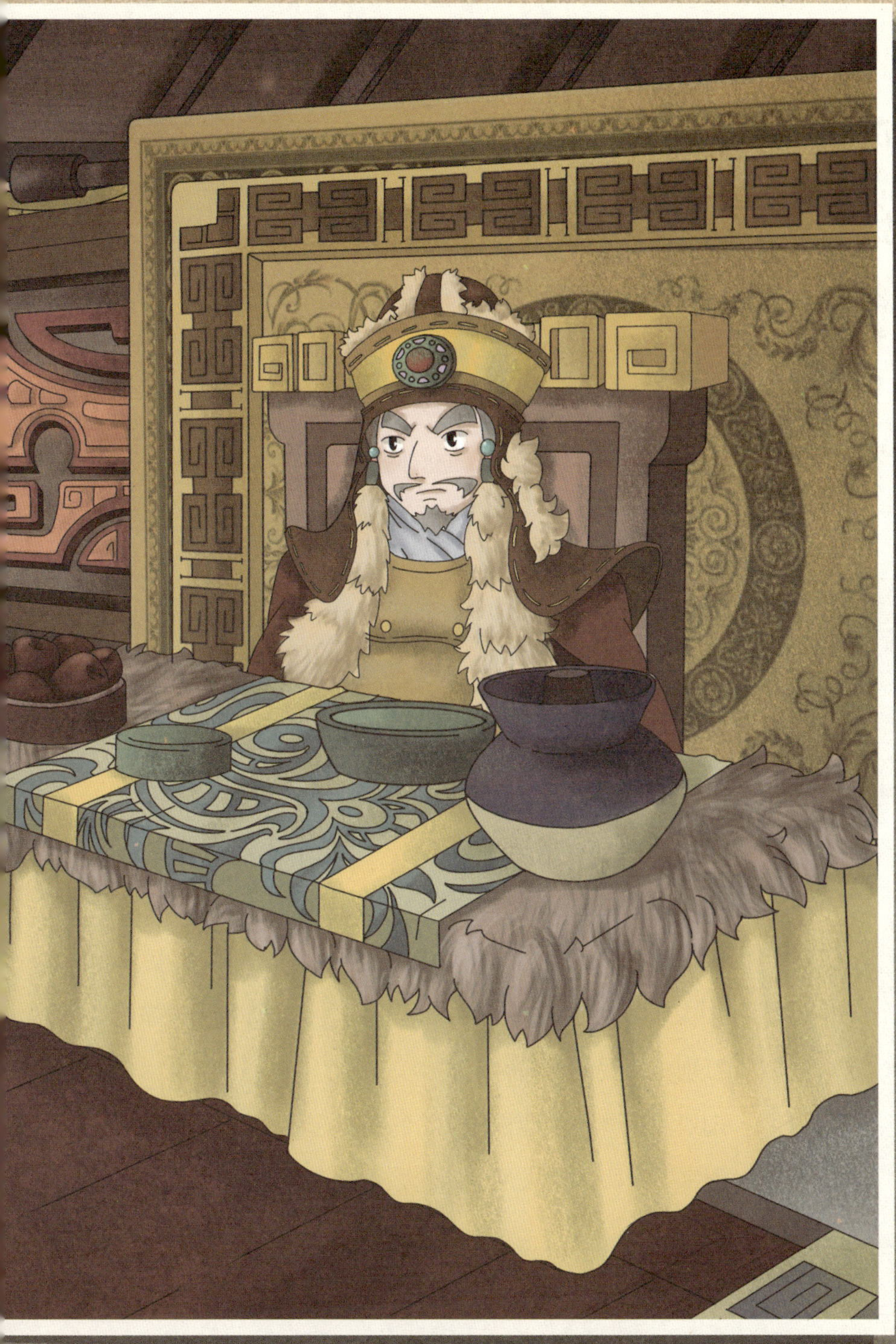

我们勒住马,定睛一看,大概有二三十匹马,上面坐着全副武装的匈奴骑兵。他们围着使团转了好几圈,最后停到队伍前面,用匈奴语说:"干什么的?"

甘父催马到队伍前面,也用匈奴话回答道:"我们是去往西域的客商,军爷们行个方便!"说着一招手,便有人从马队中出来,把几袋铜钱奉上。

匈奴骑兵看也不看,凶神恶煞一般,问道:"贸易什么?"

甘父说:"不过是些瓷器、丝绸和布匹,军爷,这点小钱不成敬意,还望笑纳。"

匈奴骑兵不答话,有几个催马冲进使团,对着马背上的包裹随便乱砍起来。丝绸、布匹滚落满地。又有几个转到汉朝马队的后边,看到几匹负重的马——匈奴人最识马性,一眼就能看出马背上东西的轻重——他们用弯刀把袋子割破,马蹄金从里面掉下来,撒了一地。

匈奴骑兵朝着他们的头儿叽叽咕咕几句,那头儿点了点头。甘父面露难色,央告说:"军爷们,金子你们可以拿走,可千万别难为我们这些客商。"

匈奴骑兵哪里听他说什么,纷纷举起了弯刀,围着我们转起圈来,眨眼的工夫烟尘四起,重重尘幕遮天蔽地。

2

使团虽然以商队的名义行走，却也是备了武器的，但在出发之前约定，不到万不得已不能动武，更何况我们马上作战的能力太弱，根本不是匈奴骑兵的对手，因此只能任由匈奴骑兵驱赶着，朝匈奴的腹地走去。

原来这伙匈奴骑兵并不是普通的劫掠骑兵，而是单于王廷的专属骑兵，专门为了窥探汉朝的虚实而设。匈奴单于也嗅到了一丝不同寻常的讯息——这位年轻的汉朝皇帝似乎要改弦更张，改变以前汉朝对匈奴的妥协政策，反守为攻，因此也变得警觉起来，时刻关注大汉朝廷动向。

很快到了单于王廷，我们三个为首的被押上王帐。

匈奴大单于高坐在单于位上，上下打量我们，然后问道："你们是汉朝人？从我匈奴境内通过，打算到什么地方去？"

张骞倒是不卑不亢，沉着地说："我们是汉地的客商，要到西域做贸易。"

单于一阵冷笑，道："你们带那么多黄金，又有这么多人，还敢骗我是去贸易的？再不说实话，把你们拉下去喂狗！"

匈奴的狗可是不吃素的，连汉朝人都知道。

张骞不变声色地说道："什么都瞒不过单于的耳目，我们虽然要去贸易，可也有明确的目的。月氏国产良马，我们要去买马。"

单于厉声问道："买马做什么？"

张骞不慌不忙地说道："我家天子恼恨匈奴，想要打翻身仗，因此买马给汉朝骑兵用。我们冒死到西域去贸易，为的是能够大赚一笔。"

单于又是一阵冷笑，道："年轻人有魄力。初生牛犊不怕虎。就算是有了马，你们会骑吗？你们汉朝人尽是些纨绔子弟，除了写写画画，还能做什么？"

一句话说得匈奴众王以及大臣们都哄笑起来。

张骞面如平湖，道："骑马的本事未必不如，但战马的质量确实不如。"

单于逼问："你的意思是说，汉朝人有了好马，也能跟匈奴一战？"

张骞冷笑道："我大汉将士时时刻刻都想上马杀敌，只是没有好马，才在战场之上吃亏，所以才凑出钱来，让我等去月氏买马！"

单于阴笑，问道："月氏在何方，你们可知晓？"

张骞说："不知，但知往西边去，自然能到。"

单于又问道："你们哪里知道，月氏国在匈奴之北，想去月氏，必从我匈奴穿过。如果是匈奴人要到南越国做贸易，汉朝皇帝允许我们自由穿越吗？"

张骞从容道："商贸往来，有何不可？"

单于眉毛一横，道："汉朝人狡诈，嘴上一套，心里一套，最不可信！我看你们是汉朝使节，要到西域联络诸国，与我作对！"

张骞不再作声，昂然挺立，虽为俘虏，却也保持了汉朝人的尊严。

单于当即下旨，说道："这三个人单独拘押，其他汉人圈禁起来，等候发落！"

上来几个匈奴士兵，把我们推出帐外，拘押到一个小毡房里。

甘父看守卫离得不是很近，就低声问张骞："大人，咱们的符节可怎么办？"

原来这些涉及国家机密的事情，除了张骞，我跟甘父并不知晓。张骞叹了口气，说道："汉节现在军士手中，装扮

成赶马杆,想来还不至于被发现。"

我忽然说:"想来也不一定有危险!"

张骞问道:"子六,怎么说,难道你有好办法?"

我沉吟了一会儿,说道:"现在情势危急,只能盼着拿符节的材官够机灵,趁着浓浓夜色把符节埋好,做好标记,日后有机会再让我们知道,这样或许可以保全。"

张骞先点了点头,后又摇了摇头道:"临行时倒也告诉过他们,出了状况便宜从事,就是不知道他们能不能想出好办法。"

甘父说道:"匈奴人逐水草而居,今天在这里牧马,明天就要迁移到别的地方。除了埋到地下,还能有什么好主意?"

折腾一天,我们也累了,说着说着,彼此依靠着睡去。甘父先响起了鼾声。

3

翌日,天刚蒙蒙亮,果然有匈奴人过来催促起身,说是要转换牧场。

这时,我们三个人的脚脖子被一条绳子拴住,各自的脚踝上分别系着两个神仙也解不开的绳结。用"一条绳上的蚂蚱"来形容我们仨，那简直再合适不过。

让我们这三个两条腿的"蚂蚱"更为不堪的是，前后有两个匈奴兵牵着绳子，旁边有四个骑兵骑着战马"保驾护航"，插翅也难飞。

在路上，大汉的材官与其他零零散散被捉住的汉朝商人也被一条绳子拴着，每人腰间拴一个绳结，在草地上一窝蜂似的挪动着，摩肩接踵。

张骞在人群里寻找，看了一圈有点失望，然后又仔细寻找。他的目光如电，虽然耳畔时不时响起匈奴看守的呼喝声和马鞭声，但他仍然锲而不舍地搜寻。我在他后边，不由得替他着急。

走了大约半里路，我忽然发现，张骞的眼睛一亮。循着他的眼光望去——一个魁梧的材官正在望向他，虽在险境中，眼里却充满了光，趁着驱赶的人不注意，双手从胸前往下指，又指了指头。

我寻思了一会儿，突然懂了：双手下指，一定是说符节已经埋入地下，胸前和头顶，原是汉军中的一种惯用暗号，意思是埋符节处，外有护镜，内有头盔。马队虽然扮作商队，可材官们仍然是携带着铠甲的。我再看张骞时，他的

目光已然离开人群，望向了遥远的天际。我知道他悬着的心终于可以放下了。

我又偷偷看向甘父，这老头也没闲着，他一边挪动步伐，一边四处张望，时而眺望远方，时而往周遭四下张望，有时候动作太大，引得匈奴骑兵过来举鞭要打。还没等打呢，甘父就抱头躲避，一个劲地用匈奴话讨饶。

就这样行了一天军，傍晚时分，来到一个水洼处，单于吩咐扎营。

这片水洼，仿佛一颗蓝碧的宝石镶嵌在草原上，映衬出满天的繁星。

匈奴人扎营的扎营，砸桩的砸桩，解鞍的解鞍，拴马的拴马，忽然有匈奴人跑到王帐禀告："不好了，大单于，有马病倒了！"

我遥遥地听了，心头一凛。就见一个匈奴军官急匆匆出来，往马圈跑去。匈奴大营里一阵骚动。马就是匈奴人的腿、匈奴人的命，马要是病了或死了，比割他们肉都疼。

时间不长，那军官又跑回王帐，叽叽呱呱说了一阵。里面又是一阵骚动。后来，单于亲自出来，跑到马圈去看。回来时，让人把两匹病马抬到王帐前。

那马气喘不已，呼吸不顺，浑身淌汗，双目紧闭，看起来危在旦夕。不到一袋烟的工夫,又一匹病马被抬过来。如此不到一顿饭的工夫,已经有七八匹马病倒,命在垂危。

这下单于真慌了,昨日审讯我们时的高傲和威严一扫而光,眼睛四处寻觅,寻找随军的兽医。几个兽医抱着药箱过来,左看右瞧,不知病因,更不知如何用药。单于举起马鞭狠狠抽打他们。打完了,他又环顾左右,绝望地发现,再也找不到一个能治马病的人。

我跟甘父说:"甘老爹,待会儿我说话,你给我翻译。"甘父答应了。

我站起来,高声道:"这马我能治!"

单于以及其他在场的匈奴人,除了甘父,都一齐投来异样的眼光,意思仿佛在说:"就你?毛孩子一个,还是个汉朝人?"

不过到了此时,单于也只能死马当活马医了,让人押我到马前诊治。

我是真心爱惜马匹的,要不然我才不会出头呢。我绕着病马转了几圈,仔细察看症状,又把症状跟伯乐子

明教授我的治马术相对应,很快想到了如何医治。

我转身跟甘父说:"甘老爹,我说,你翻译。"甘父点了点头。

我面向单于说道:"这些马是因为行军太疾,起行得又太早,受了寒气,加之急驰了一天,出了大汗,又中了些暑气,寒暑交攻,得了疫病。"

单于听了,点了点头,说道:"似乎有理,说,怎么医治?医好了,自然赏你;医不好,与马同埋!"

我笑道:"也是单于造化了,扎营在这么大的一个水洼边上,里面必定有许多水獭,安排军士捉几只来,我自有用处。"

水獭捉来后,我说了几声"对不住",就地把水獭宰杀了,取出肉和肝来,用湖水煮了,再把汤水分别灌入病马的嘴里。俗话说,对症下药,药到病除。病马饮了獭肝水,不消一盏茶的工夫,便长出一口气,接着就要饮水,饮了净水,便能站立起来,渐渐恢复了神气。

单于大喜,依法给所有马匹都灌了獭肝水,这才放心,吩咐解开我们的绳索,给了我们毡子,让我们躺在毡子上睡,明日再行封赏。

第 6 章

塞外纵马

①

谁承想,匈奴的这场马疫并非只发生于单于王廷,后面几天,接连有消息传来——匈奴境内马疫开始大规模蔓延,很多马匹都病倒了。

单于知道我治马的手段,就让人释放了我,对我说:"你还算有些本事,我打算让你到匈奴境内巡视一番,你可愿意?"

我抖了抖身上的尘土,说道:"单于要我去医治马疫,我心里清楚得很。按理说,帮助匈奴人治马,对大汉朝很不利,我还要担上叛徒、助纣为虐的恶名,是万万不能干

的。可是,我又是个极爱马的人,不忍心看着那么多马染疫而死,真是两难!"

单于狡黠地笑笑,说道:"你有什么条件只管提,但凡我能满足,绝无二话!"

我顺坡下驴道:"单于明鉴,小人倒是没什么要求,不过匈奴疆域广大,我又不通匈奴语言,治马又没有帮手,跟匈奴人又不熟,因此实在是去不得。"

"这有何难?帮手由你选,补给由你定,我全力支持!"单于表现得非常慷慨。

我思索了一会儿道:"我们自己人配合默契,他们——"我朝着张骞和甘父指了指,"这两个人我是必须带着的,一个是很好的翻译,另一个也颇懂治马,能给我当助手。如果单于不答应,我就是死也不会去的。"

单于当即拍板,说道:"可以,他们两个可以随你去。只是有一样,匈奴境内从南到北,从东到西,毕竟广大辽阔,没有匈奴人做向导,你们纵然是有翅膀的雄鹰,恐怕也会迷路。这样,我把我的精锐卫队拨几个人给你,一则护卫你们,给你们引路,二则到了哪里,有我的人在,下边的王帐总不会为难你们。"

"三则监视你们,你们要想逃跑,立刻砍死!"当然这些话单于并没有说出，可是我心里能不明白吗？我还能说什么，只好点头遵从。

辞别了王帐，我们稍事准备，便轻装上路。在路上，我们三个行在一处，几个单于的卫兵跟随在后。扬尘疾驰，每匹马的背上都驮着事先准备好的水獭肉干、肝和水獭粪。

獭肉和獭肝对马疫最起作用，但我担心不够用，就建议把水獭的粪便也收集了，晒干了带上，其效力虽赶不上肉和肝，但治马疫还是起效的，只不过是慢了些。

一面驰骋，甘父一面跟我讲述河西的历史。他说："早在匈奴控制河西走廊之前，这里就生活着众多的游牧民族，比如月氏、乌孙、大宛等。他们都是马背上的部族，最能养马和驯马，尤其是大宛人，是养马的专家。他们培育出来的马种，绝对是西域翘楚，不知道你们听说过没有，有一种马叫汗血宝马，那可是天外神骏，绝非凡间所有！"

一听说汗血宝马，我心中一惊，当初伯乐子明不止一次地跟我们提及汗血宝马，说有生之年能够得一匹汗血宝马，纵死无憾。他后来前往西域，也是专为此马而去。我心中突然非常怀念子明师父，不知道他身在何处，是否访得天马。

张骞望着远山，说道："世事白云苍狗。我们想联络月

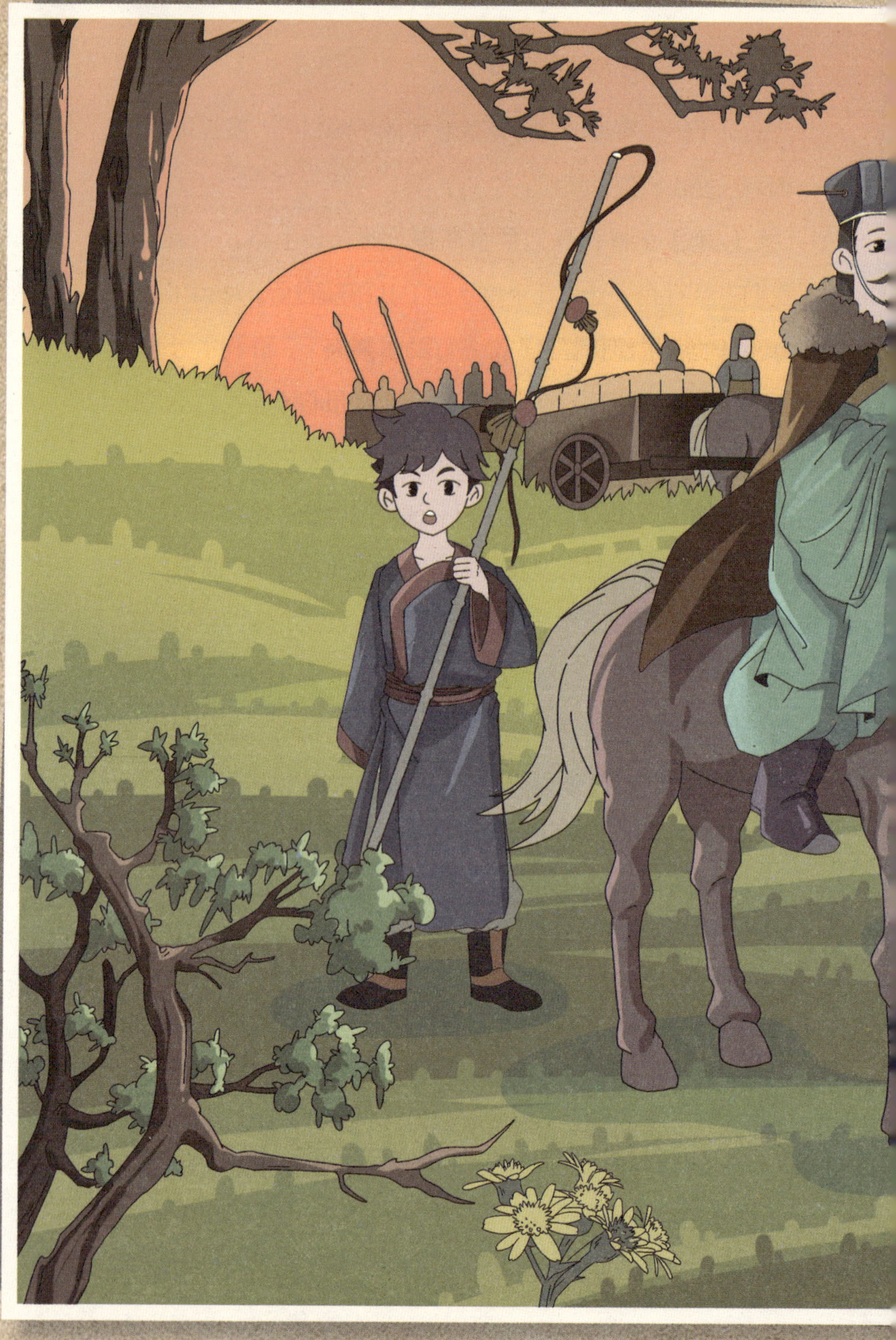

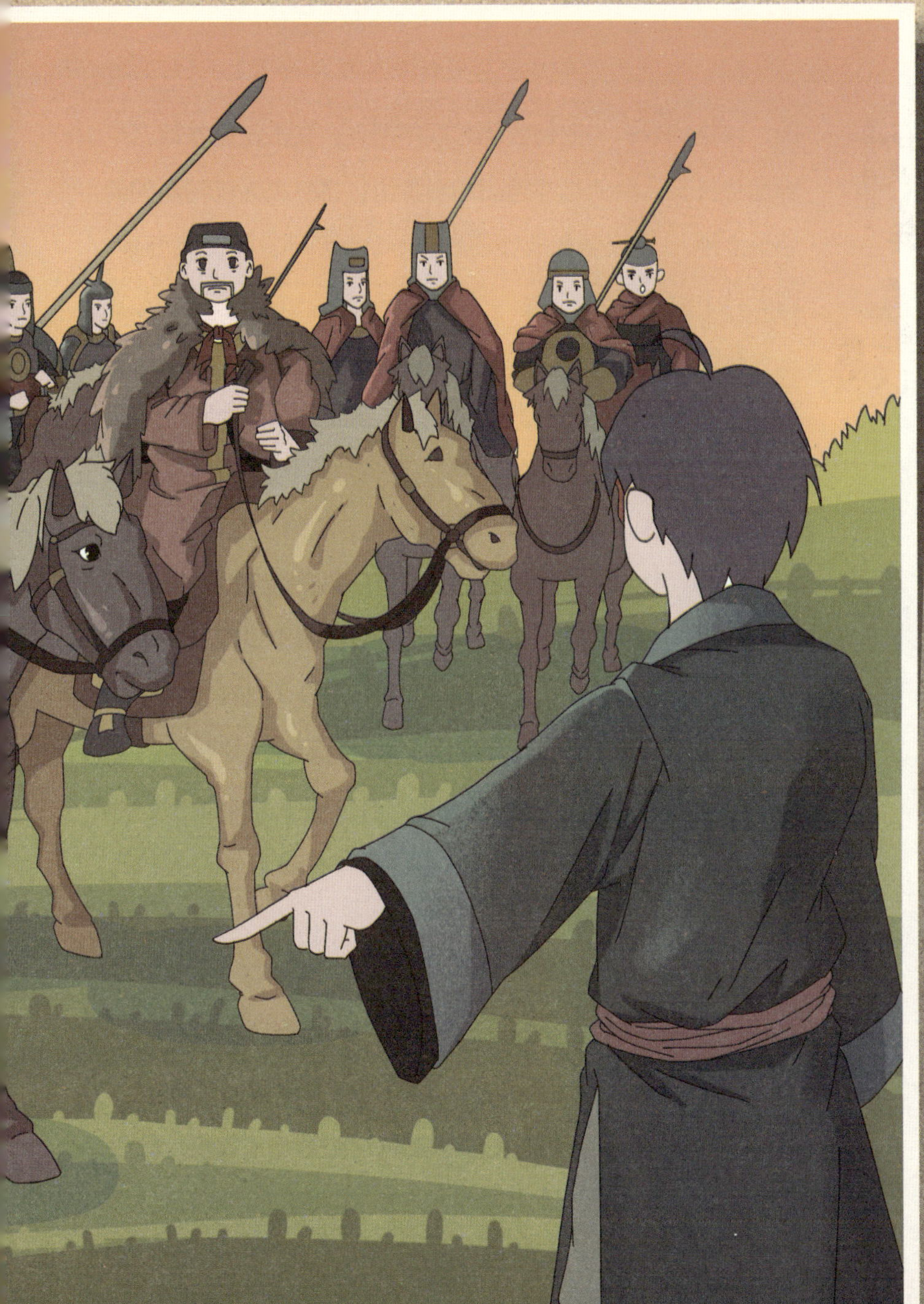

氏，共抗匈奴；匈奴何尝不想联络羌人，共击汉朝？河西走廊地势狭长，两侧是祁连山和合黎山，自然成为汉匈两朝的必争之地。大汉要想战胜匈奴，不拿下河西这块战略要地，则无异于痴人说梦。"

我觉得也是这个理，说道："匈奴骑兵速度快，作战灵活，在疆场之上，或包抄，或偷袭，或出其不意断我粮道，给汉军以沉重打击。因此，建立一支强大的铁骑便成为汉朝的当务之急。然而，马匹数量不足，束缚了汉军的手脚；缺乏良马，让汉军裹足不前。我之所以愿意救治匈奴马，是因为匈奴马治不好，马疫也会蔓延到汉军中，汉马也会感染疫病。因此我救匈奴马，就是在救汉马，况且我本身就是养马的出身，绝不忍心看着马匹染疫而死。只是在这一路之上，咱们要留心地理、地形。甘父善于辨识地理，把我们所到之地一一记住，晚上绘成图册，将来可是汉军抗击匈奴的宝贵情报。"

张骞和甘父深以为然。

就这样，我们白天行军，每到一处，我负责救治病马，他们给我打下手。到了晚上，我给他俩放风瞭哨，他们在小毡房中秉烛绘图，把我们用脚丈量过的每一寸匈奴人的土地描绘得清清楚楚。尤其是水源，更是标记得精准无误。

这些宝贵的收获，倒在意料之外，所以，虽然我们每天都很疲累，但心中却觉得成就满满，无比舒畅。

2

要不是我们亲自在塞外南北东西走上一趟，我们绝不相信，匈奴人虽然居无定所，但却享用着天底下最广阔的草原。天凉了，他们到河西走廊，甚至穿越大漠，到青藏高原和黄土高原的交汇处放牧；天热了，他们就到北海，或西伯利亚大草原，甚至是北冰洋的近岸牧马。北到大洋，南到长城，都是匈奴人的牧场，可惜他们仍不知足，还要垂涎汉家江山。

我们身在匈奴治马疫，心却已经在出使西域的路上了。我们跑遍了匈奴疆域内的每一个角落，治好了千千万万的马匹，心里却无时无刻不在谋划尽快逃走。

要想成功逃出匈奴，有两件事要做：一是摆脱这几个匈奴卫兵的跟随和监视；二是回到当初被匈奴拘押的地方，找到汉节。第一件事情最难办；第二件事因为甘父早就记住了那里的地理地形，又有汉军留下的标识，应该不难。

马疫肃清后，我们催马往单于王廷的方向行进。

天无边无沿的蓝,云肆意的白,一望无际的草原跟蓝天白云在远处相接,河流像一条长蛇蜿蜒而过。河边响起牧马人韵味悠长的歌声,云朵为之沉醉,苍鹰为之盘桓,牛羊为之侧耳。

我们也醉心于眼前的美景,眼睛眨也不眨,像是拴在了云朵上。

翻过一道高岗,眼见着离河流还有一射之地,我突然发现地上有许多黄色星状的花朵,我假意下马方便,蹲下来仔细观察,黄花下面是一重一重多褶的叶子。

我突然想起来,这不就是子明师父让我们记住的一种毒草吗?叫什么来着——我有时候真恨我这笨脑子,忘性真大,要是子满在就好了,他在这方面可比我强——后来使

劲想,终于想起来,这草有个很丑的名字——狗舌草。马吃了这种草就会拉稀,最后脱水昏迷,但抢救及时的话不会死。

我暗中高兴,悄声对张骞说:"将军,咱们逃脱的事就指望这草了!"

眼瞅着日头要下山了,匈奴卫兵示意我们在河边扎营。架设营帐的时候,我拿着几棵狗舌草,对张骞和甘父说:"多采点这个!"

到了晚上,我们翻开药箱,拿出药刀、药杵、药碾,把采集来的狗舌草用药杵捣碎了,把毒液过滤出来,沾到两块毡子上。

当时是初秋,草原之上已然有了寒意,我让甘父禀告匈奴卫兵:为了防止马匹在夜露中受凉,需要给它们生一堆篝火,并给马匹饮一些草药祛寒。

匈奴士兵听了,并未生疑,当即应允。

我跟张骞和甘父一使眼色,他俩便去寻木柴生火。一会儿篝火起来了,上面架起大锅,我把防风祛寒的草药扔进去煮。时间不长,药香四溢,我舀了三碗先递给匈奴卫兵喝。他们闻了闻,脑袋摇得跟拨浪鼓似的,说什么也不肯喝。

我暗笑这些人无福消受，就把汤药端给张骞和甘父喝了。我自己也喝了一碗。喝完顿觉得浑身发热，就是来一场暴风雨，也完全扛得住。

汤药凉凉了，我们就端给马喝。在饮匈奴人的马匹的时候，我偷偷把毡子拿出来，把里面的毒液挤出来滴入汤药中，为了增加口感，还在里面撒了一把盐。

匈奴的马匹毫无防备地饮了。没想到天公作美，隐隐响起了雷声。顷刻，狂风大作，电闪雷鸣，一阵急雨仿佛瓢泼一般从天而降。

我们在营帐里欢喜异常。张骞兴奋地说："他们没喝汤药，这场风寒是扛不住了，马匹又跑不动，看来咱们的事要成了！"

3

大雨下了半宿，一直到东方发白，才渐渐停了下来。

就听对面匈奴人在营帐内喷嚏连连，一个劲地喊冷。又过了半个时辰，一个匈奴人跑过来跟甘父叽叽呱呱说了一阵。

甘父道："子六，另外两个烧起来了。"

我赶紧过去，假装探视。果然他们身上滚烫，显然是昨夜受了伤寒。我正要说个治法，那个尚未发烧的匈奴卫兵又跑进来，急赤白脸地比画一阵。

甘父听了，假装着急，告诉我："马——，马犯病了！"

我故意成竹在胸地说："我虽是个兽医，擅长医马，可是从小却是治人的启蒙，读过许多中医的典籍，要不是疑难杂症，我也能治。诸位要是放心，我跟甘老爹去寻些草药，回来煮了，保管药到病除。留下张将军陪侍你们，照料马匹！"

三个匈奴骑兵此时此刻还有什么主见，只能听从我的安排。

我跟张骞对视了一下，就带着甘父出来。甘父牵过马来，我们骑上，先是缓缓而行，后来越过河流，一骑绝尘而去。翻过两道山梁，觉得万无一失了，才停下来生火做饭，等候张骞。

却说张骞见我们走了，一会儿殷勤地照顾病人，一会儿又看顾马匹。那三匹马拉了一泡又一泡，都脱形了，眼看就难以支撑了。

张骞拿出我提前准备好的解药给马吃了——以我跟马的感情怎么可能见死不救呢？不过，即便没有了性命之忧，这些马在短时间内也难以疾行。

日上三竿的时候，没发烧的那个匈奴卫兵也被感染，病倒了。

张骞一看，忍不住乐了——三个人高马大的壮汉此时斜倚在一起，满脸病容，咿咿呀呀，迷迷糊糊，烧得眼皮都抬不起来。

张骞也不忍心杀害他们，给他们喂了一些凉药，就策马逃走。临走的时候，还顺手牵走了一匹没有生病的马。

等张骞赶到的时候，饭已熟了。我们三人相视大笑。草草吃过了饭，甘父在前引路，朝着当初被拘押的地方行进。

原来，当日王廷扎营的地方跟我们出逃的地方，同在一条河流旁。我们逆流而上，奔驰了两天两夜，终于到了目的地。

逐水草而居有一样不好，那就是河道经常变换，即便河道不变，风吹草长，当初扎过营的地方也会变得跟其他地方一样，如果不留下标记，并仔细辨认，万难找到曾经驻扎过的地方。

甘父就像一只老猎犬一样在草地上寻找，一会儿东一会儿西，一会儿南一会儿北，一会儿摇头一会儿点头，一会儿亢奋一会儿失望，找了大半天，才最终确定了一个大致的范围。

我跟张骞在这个区域内一起寻找,很快就有了突破。这还得感谢刺眼的艳阳和汉朝盔甲铜镜的精湛工艺。

当时张骞寻得累了,坐在草地上叹息,忽然一道光晃了他的眼。我们循着光找去,一个护心铜镜半掩在沙堆里。张骞激动得跳了起来,大吼道:"找到了!"

我们奔过来一看,悬着的心终于放下。甘父欣慰道:"这多亏了前几天那场大雨,要不然在这茫茫草滩寻找一块铜镜,跟海底捞针有什么区别!"

我们往下挖去,大约在三尺深的位置,挖出一根杆子来,刚开始我们以为是赶马杆,后来才想起来,这貌似赶马杆的东西肯定是汉节。是当初汉朝材官担心我们出使西域没有符节,想方设法留给我们的。我们扒出来一看,果然里面藏着一个汉节——一根长长的竹杖,上面绑着三重用牦牛尾制成的节旄。

我们小心翼翼地把汉节挖出来,整理好了,拴在张骞所乘的马背上。

甘父凭借太阳的方位找好了我们要去的方向,我们扬鞭催马,恨不能肋生双翅飞出匈奴人的地盘。

第 7 章
马名青白

①

日月如梭，光阴似箭。距离我离开马场已经数载，尚不知何时是归期。

子满天天跟马在一起，倒不觉得寂寞。

幽影、紫电和龙友在他的照料下，茁壮地成长。其中幽影和龙友已经到了被训练的齿龄，子满每天早晚训练两回，风雨不误；紫电还在幼年，不能过早地被训练，整日里就是好草好料地喂养，生怕它得病。

平日里喂养马匹以草原上的草为主，晚上加些粟米，饮水的时候加些盐，保证了马匹生长所需要的营养和水分。

可是，子满总觉得草原上的这些本地草差劲，总想着在改良马种之前先改良草种。

子满是驯马的高手。那些马，无论是脾气好的还是脾气差的，在他面前都服服帖帖的。就连最不好惹的紫电——这小家伙极其不合群，在草场上吃草的时候也是独来独往，自己先拣丰美的地方吃，不让别的马靠近。别的马一靠近，它就突噜噜打响鼻警示，再接近的话，它就猛踹狂踢，吓跑人家；有胆大的马不服气，就想跟紫电一起吃草，结果不是被咬坏了耳朵，就是被踢坏了眼睛，好不惨伤——只有对子满俯首帖耳，吃草之前还到子满那里撒撒娇，蹭来蹭去，蹭够了，才去吃草。

子满在漫长的驯马生涯里，渐渐形成了一套自己驯马的号令，比如，长啸是让马奔回，短啸是让马跳跃，拍两下手是让马跪下，拍三下手是让马卧下，拇指和食指放在嘴里打口哨是让马踢人……

所以，在放牧的时候，他可以安心地躺在草地上，惬意地享受阳光和碧草。甚至可以说，很多时候不是他在放马，而是马在"放"他，一旦草原上有个风吹草动，人不能觉察的，马觉察了，准先给子满送信。

子满也慢慢摸索出一些马的语言——马这样叫代表什么，那样叫代表什么，戳前蹄代表什么，甩后蹄代表什么，

仰天长嘶又代表什么……

这就是子满养马的高明之处，也是过人之处——他不拿马当畜生对待，而是当人对待，所以马能够跟他亲近、交流。

这一天，子满把群马轰到一处草甸上牧放。草甸上牧草长得茂盛，绿油油一望无尽。他看着这些草，那些对于草料的担忧稍有缓解，可是他想不通的是，为什么吃同样的草，汉马怎么就跟不上匈奴马呢？

正在胡思乱想，幽影突然跑过来，用前蹄刨了几下地，又用嘴来咬他的衣服。

子满一看知道是"来人了"，便一骨碌身爬起来，向幽影所看的方向望去，果然，那边来了一小队人马，离得远看不真切，但看得出几个人是商队装束，后边还跟着三匹骆驼，都驮满了东西，正风尘仆仆地朝这里赶来。

子满从腰间拔出短剑，然后长啸一声，让分散吃草的马匹聚拢起来。

时间不长，小型商队便来到近前，有一个人从马上下来，上下打量子满，然后问道："可是汉军牧马的？"

子满仔细打量这些人，虽然他们一身西域胡商的打扮，可看脸却是大汉的面孔。此刻因赶路赶得急，呼哧带喘，额头上渗满了汗珠。看得出来，他们得有些时候没喝水了。

子满问道:"你们是汉人,怎么如此着急赶路?我是附近养马的,幸好我这里有水,给你们解渴。"

子满从小毡房里——放牧的时候,都会搭建一座简易的小毡房,中间竖一根高杆,然后把一块毡子从杆顶放下来,用石块压住四角即可,用来储存粮食和水——拿出来两个水袋,递给他们。他们千恩万谢,从骆驼上卸下来几块鹿肉给子满。

他们坐在一处说闲话。他们就问子满:"这些马是你私家的马?还是官家的马?我们也是汉家人,因为在西域折了买卖,才变卖了产业回大汉的,没有恶意。"

子满仔细观察他们,确定了没有恶意,便道:"实不相瞒,这些马是官家的马,我是给官家养马放牧的。"

那些人中一个为首的道:"不知在哪家马苑养马?"

子满心道:倒是个知道底细的,我不妨实言相告,看他们什么来历。便道:"我是御马苑养马的,名叫子满,敢问尊驾?"

为首的一惊,行礼问道:"尊兄可是子六?"

子满大吃一惊,道:"正是,他出使西域去了,你们过来可曾见过他?"

为首的笑道:"岂止是见过,简直是天天一起厮混。大

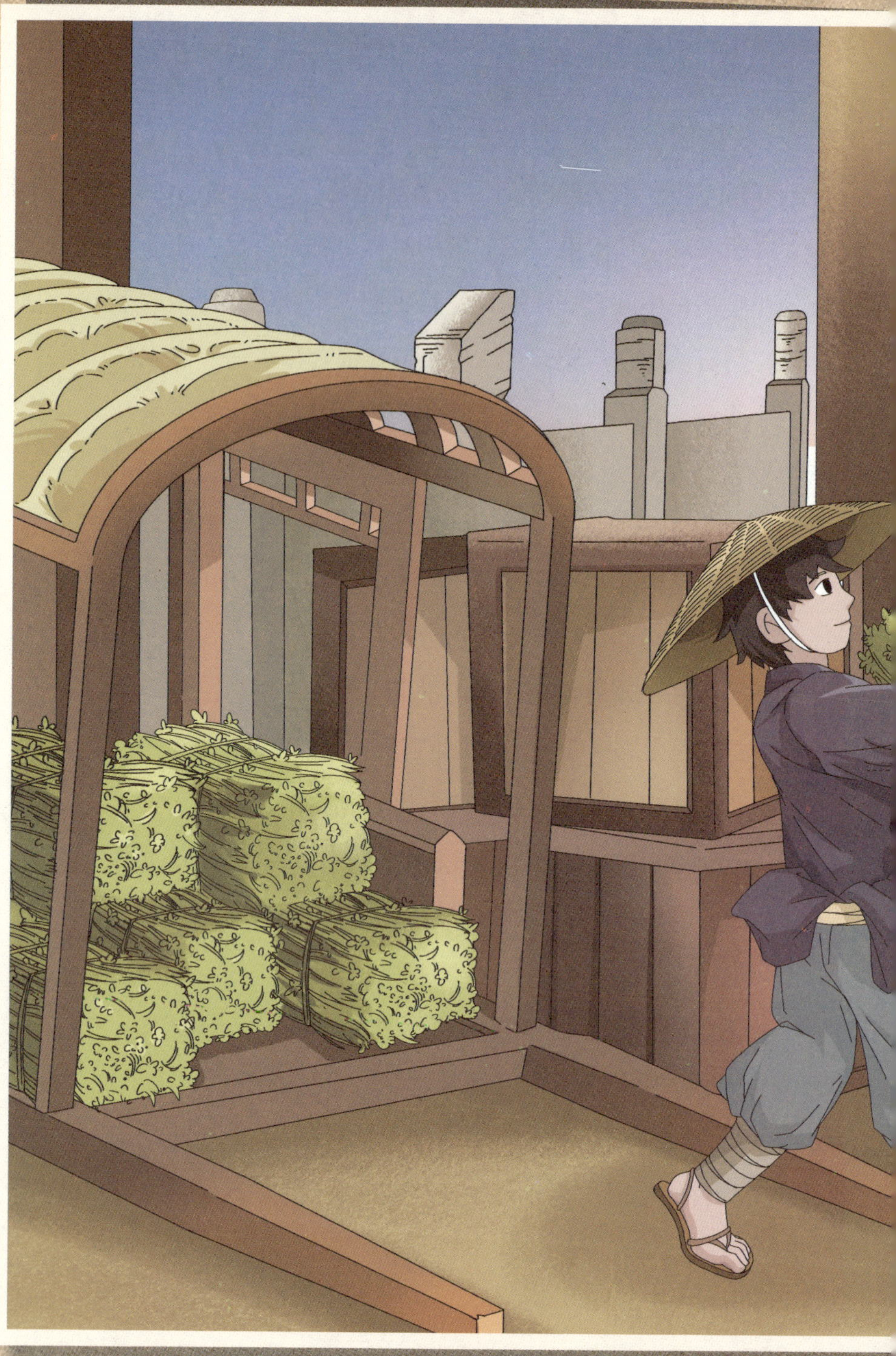

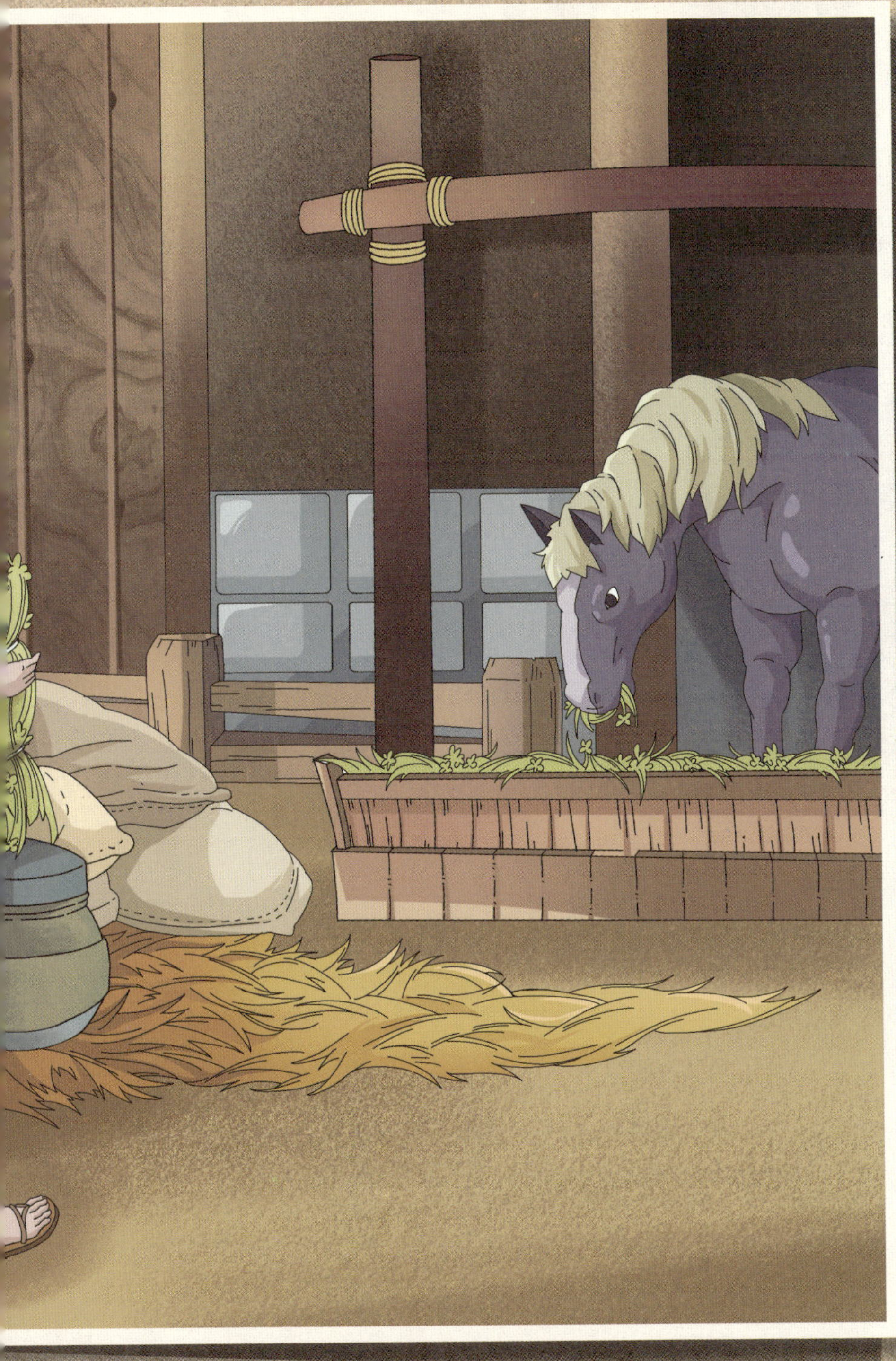

水冲了龙王庙，一家人不认一家人。我们其实是大汉的材官，跟随张骞与子六将军出使西域，因走到一地，盛产一种马草，是人家大宛国用来饲养汗血宝马用的神草。张将军便让我们几个材官搜集了不少草种，让我们连夜赶回大汉，交到子满将军手中。说对您一定大有用处。"

子满被这些"将军""大人"的称呼搞晕了，不过也听出了大意，便问道："可知是什么草种？"

为首的道："说是叫苜蓿。听当地的人说，汗血宝马就是吃这样的草料才成为神骏的。张骞将军一听就动心了，费了好些手段才搞了这么一小袋种子。他还说，带不回汗血宝马，带一些马草回来也是好的。"

子满心中振奋，接过种子，抓出一小撮仔细端详，仿佛得了宝贝一般。

为首的材官又道："张将军还说，光有良马不行，必须得有好草料。他说您都懂的，不用我们多说。"

子满望着手心里的种子,觉得有千斤之重。

2

材官交割了种子,就回朝复命去了。子满便开始在御马苑尝试着种植苜蓿。

因为之前从未种过这种植物,加上只知道材官们临别传授的一点培育技术,子满心里没底,选了二十几亩良田,作为试验田。这些田都选在河边,水源充足,又是在一个缓坡上,日照充足得很。

他把二十多亩田打成垄,然后划成畦,每一畦的旁边都有引水垄沟。临种之前,要引水把田浇一遍,浇透了,再晾几天,然后播种。

播种选在七月。温暖的土壤是苜蓿种子扎根发芽的最佳环境。发芽后,田间管理跟种韭菜差不多。成熟的时候,用镰刀割了,打包成捆,一部分进行青储,一部分晒干作为干草。收割后的苜蓿很快还能长出来,一茬一茬接着收割。

当收割头一茬苜蓿的时候,子满

抱起一捆就往马厩走。离马厩还有一段距离的时候，群马已经闻到苜蓿的清香，炸了窝一般，一匹匹都挤到一起，争着打起响鼻，恨不能飞出栏杆。

最终还是紫电厉害。子满最宠它，又因为它小，晚上睡觉时并不拴系。好家伙，当它嗅到新食物的香气的时候，猛地一下跳出栏杆，一口咬住苜蓿捆，旁若无人地狼吞虎咽起来。等子满夺回来的时候，一大捆苜蓿被这调皮的家伙吞下一大半。

子满心里就知道，苜蓿草是马的最爱。本地草从来没有这样的魅力。

到了第二年七月，苜蓿的种植面积被大大扩大了。远远望去，就像一片苜蓿之海。而且，除了专门规划的种植地外，只要有生长条件的田里都被撒上种子，甚至在放牧的时候，子满也随手撒把种子。

子满把这种做法叫作"有枣没枣打三竿子"，说不定哪一块地就疯长出一片苜蓿来，那就是意外惊喜。

更令人惊喜的是，自从吃上苜蓿以后，"骏马"们才得以称得上是真正意义上的骏马。马毛变得光滑顺溜，身上的肉坚实有力，精神高昂，英气逼人。整个马群像是换了一副面貌似的，怎么看怎么令人鼓舞、振奋。

子满看到马儿这般生龙活虎，心里别提多高兴了，每天只愿跟这些马厮混，一时一刻也不想离开它们。

单说一个晚上，子满照常去给马添夜食：一捆清新苜蓿，半斗粟米。突然，他的直觉告诉他：不对，少了一匹马！他在昏暗中仔细辨认，果然发现龙友不见了。

子满心里一惊，龙友是他的爱马之一，走失了御马可是死罪，岂有不急之理？但他不敢声张，提着灯笼到各个角落里查看。

转了一圈，他就发现有一处角落里的栏杆上面一层断裂了。按理说，一般的马是跳不出去的，但龙友却不费吹灰之力就能跃出。

子满从栏杆断裂处翻出去，在灯笼微弱光芒的照射下，低头仔细观察地上的踪迹。一行马蹄的印记朝着河边延伸而去。

子满担心吓到龙友，吹灭了灯笼，蹑足潜踪，朝河边跑去。

听见水流潺湲之声，定睛仔细看去，子满被眼前的情形给惊呆了——

在一片黑黢黢中，龙友正跟一匹野马待在一起。

这头野马虽然在黑暗中难以辨识，但子满还是凭借黯淡

的星光和四野悄然而起的黎明之色，把这匹野马相了一遍。心头不禁赞叹：真是一匹好马！

这匹野马和家马相似，但躯体比一般家马要稍小。头部较大，正是难得一见的龙颅——意思是这野马的头颅骨像龙的颅骨。具有龙颅的野马，体力超强。

此马耳朵较小，二寸左右，能行千里。且耳小者多为善马，没有歹意；鬃毛短且直，额毛短，吻部为乳白色……怎么看，这都是一匹能行千里的神骏。

这种野马栖息于环境比较恶劣的荒漠、草原、丘陵、戈壁及多水草地带，能够防御狼群的袭击，因此十分难得。

更加难得的是这匹野马相中了龙友，龙友也看中了它，两匹马相爱了。

3

龙友是匹公马，外表腼腆，骨子里却热烈，为了爱情可以不顾一切。

子满曾仔细检查过马厩那根断裂的栏杆，根本不是木头年久糟了，也不是风雨雷电劈断的，分明是先被马蹄踢裂，再被马嘴啃断，绝非一朝一夕的工程，怪只怪他没能早发现。

但是，爱情这种事，单丝不成线，要不是有野马在马厩外头吸引龙友，龙友绝不会贸然逃出马厩。

龙友可是天马，那眼光能俗得了吗？想到这里，子满要驯服这匹野马的斗志一下子被激发出来了。

子满心里说：让你们两匹坠入爱河的马再自由一会儿。然后他悄然返回马厩去拿驯马的工具。

龙友跟那匹野马一会儿并头吃草，一会儿头扬起来，互相摩挲，有的时候还相互追逐、撒欢；跑得累了，还一起到河边饮水，吃饱喝足，一起卧在草甸上休息。别提多浪漫了。

可惜的是，这样的浪漫不会持续多久。子满携着驯马的工具再次回到河边，费了九牛二虎之力才把野马驯服，最后把两匹马服服帖帖轰回马厩。

子满给新驯服的野马起名为"夜王"，因为它是夜里被发现的，而且极其难以驯服，比当初驯服紫电费劲许多。

要是没有后来发生的意外，夜王一定是子满所有马中最具传奇色彩的一匹。

说起那件意外，子满至今都会泪流满面，我虽然不在现场，可每当回想起子满所描述的场景，也会不住地唏嘘感叹。

夜王被驯服后，成了马厩中的一员，可是过了一段时间，子满就发现夜王不如刚来的时候精神了，有时候萎靡不振，甚至还有些厌食。

子满一开始并没有当回事，后来才发现——夜王怀孕了。

子满推断夜王入马厩时已经怀孕五个多月。因为是野马，常在野外活动，故此身量不显，或许子满根本不会想到它会怀孕。

马的孕期长于人类，要十一个月多才能分娩。在接下来半年多的时间里，子满充分表现出一个称职保姆的潜能，把夜王照顾得无微不至。

分娩的日期临近了。草原上还是天寒地冻，大雪早早下了几场，整个世界冰天雪地，呵气成冰。

子满把夜王安排到一个大毡房内生产，里面生了大大小小的火炉，保证了应有的温度。可是当天又下起了暴雪，都说燕山雪花大如席，祁连山的雪花比席子还大呢，大雪从夜王进入产房的那一刻就开始下，越下越大，越下越猛。

夜王开始分娩，虽然有些阵痛，可头胎小马驹很顺利地就生下来了，当在场之人都准备为它的成功分娩而庆贺的时候，子满警觉地发现，还有一胎——原来夜王怀的是双胞胎。但是伴随着第二个马驹的生产，夜王开始大出血。

子满虽然跟伯乐子明学过马匹分娩方面的知识，但遇到意外情况还是不免慌乱。他让一部分人去照顾头胎马驹，然后全副身心地投入母马和二胎的接生和救治当中。

可是悲哀的是，在当时的条件下，就是大罗金仙也不能把夜王从死亡的边缘抢救回来。好在二胎马驹倒是保住了。夜王十分不舍地望了望两个马驹，慢慢地闭上了眼睛。

子满的心里充满了内疚和自责，当夜王闭眼的那一刻，他悲痛难抑，失声痛哭。

两个马驹很健康。一匹是青色的五明马，肩膀上的一抹白色像是一弯月牙；另一匹竟然是一匹白马，通体银白，只在四蹄的上面有一圈黑色的毛。

子满给那匹青色马驹取名为"青霜"，管那匹白色的马驹叫作"白箭"。它们都是名副其实的千里驹，是夜王留给这个世界的无价之宝。

第 8 章
龙马琐记

1

　　子满在养马之余，养成了写日记的习惯，还给日记起了一个非常文雅的名字：龙马琐记。

　　在养马人的心中，我们养的不是马，而是龙种。

　　现摘录几篇，以便了解一下我在跟随张骞将军出使西域这段时间内，子满以及御马苑发生的一些有趣的事情。

　　初秋的一天，天色大晴，云淡风轻。

　　当时，我正在对年幼的青霜、白箭进行一些简单训练，传事的小吏急匆匆跑来报告，说是来了位大将军，要视察我们的马苑，让我赶紧出去迎接。

我是最烦这些冗杂俗事的,可是有什么办法呢?正所谓当官不自在,自在不当官。虽然我只是个养马的小官。

我极不情愿地离开了青霜、白箭,换上了官服,带领着一干养马人去迎接这位大将军。

好在这位大将军倒不是个有架子的人。他一到御马苑,就吩咐下来,说是奉了天子密诏来视察的,不可声张,也不必多礼。他的意思是,该干什么干什么,不需要到跟前奉承他。这样挺好,正合我意。我应付了一会儿,就回到了爱马身边。

大将军随即也进入马厩,一个马厩一个马厩地视察。一上午的时间很快就过去了,大将军一直待在马厩里,甚至连厕所都没上。

吃中午饭的时候,大将军向我问起苜蓿种植的事。我把如何获得种子、如何培植、如何收割,以及喂马后的效果一一向大将军禀明。大将军听了,非常高兴,对我刮目相看。

饭后休息的时候,我才跟这位将军的随从混得熟络了,和他们攀谈起来。

随从告诉我,这位将军叫卫青,是新晋的将星,深受当今皇上的青睐。

随后,这位随从告诉我一些关于卫青的故事。

这位卫将军,本来姓郑,是平阳人,出身低贱,他的父亲郑季不过是县里的小吏,供职于平阳侯曹寿家。郑季跟平阳侯的家仆卫媪私通,生下卫青。卫媪之前还有一个儿子和三个女儿。其中最小的女儿就是卫子夫。

卫青从小就在曹寿家当仆人,后来回到郑季家里,郑季让他牧羊。郑季跟前妻生的孩子都看不起他,根本不拿他当兄弟看待。

长大后,卫青回到母亲身边,成为平阳侯的家骑,负责保护平阳公主的安全。卫子夫获宠后,卫青成为天子的侍从,后又升为太中大夫。

由于匈奴不断入侵,天子一改先帝们依靠和亲维持与匈奴和平关系的政策,积极筹划反击匈奴,但苦于战马不足,汉马的质量跟数量都与匈奴有着极大差距,因此只好暂时隐忍,但私下里却时刻不忘发动反击。

为此,天子秘密在上林苑练兵,培养了不少年轻有为的将领,为日后反击匈奴做准备,卫青就是其中的佼佼者。

卫将军的随从还告诉我,他们此次来到御马苑,主要目的是视察战马养得怎么样,顺便给卫将军挑选一匹合适的坐骑。

2

我听随从这么一说,心中十分欢喜。

到了下午,卫将军已然把御马苑的马一匹一匹毫无遗漏地看了个遍,看的时候,遇到好马,他就不住地点头称赞,夸奖我会养马。

我对于这样的赞赏向来是照单全收,受之无愧。

到了日头西垂的时候,卫将军来找我聊天。

他问我:"现在御马苑的战马,能上战场的有多少匹?"

我毫不费劲地答道:"御马苑有许多处,总共加起来的战马应该在五万匹左右,加上各地百姓依马政养的马,大汉的战马总量应该超过十万匹!"

卫将军向我投来钦佩的目光,说:"子满将军不愧是养马的高手,对我大汉的马政了如指掌!"

我谦虚地说:"岂敢,岂敢,您才是真正的将军,我哪里称得上将军,不过是个养马的小官!"

卫将军笑道:"此言差矣。世人都知道将军带兵打仗,

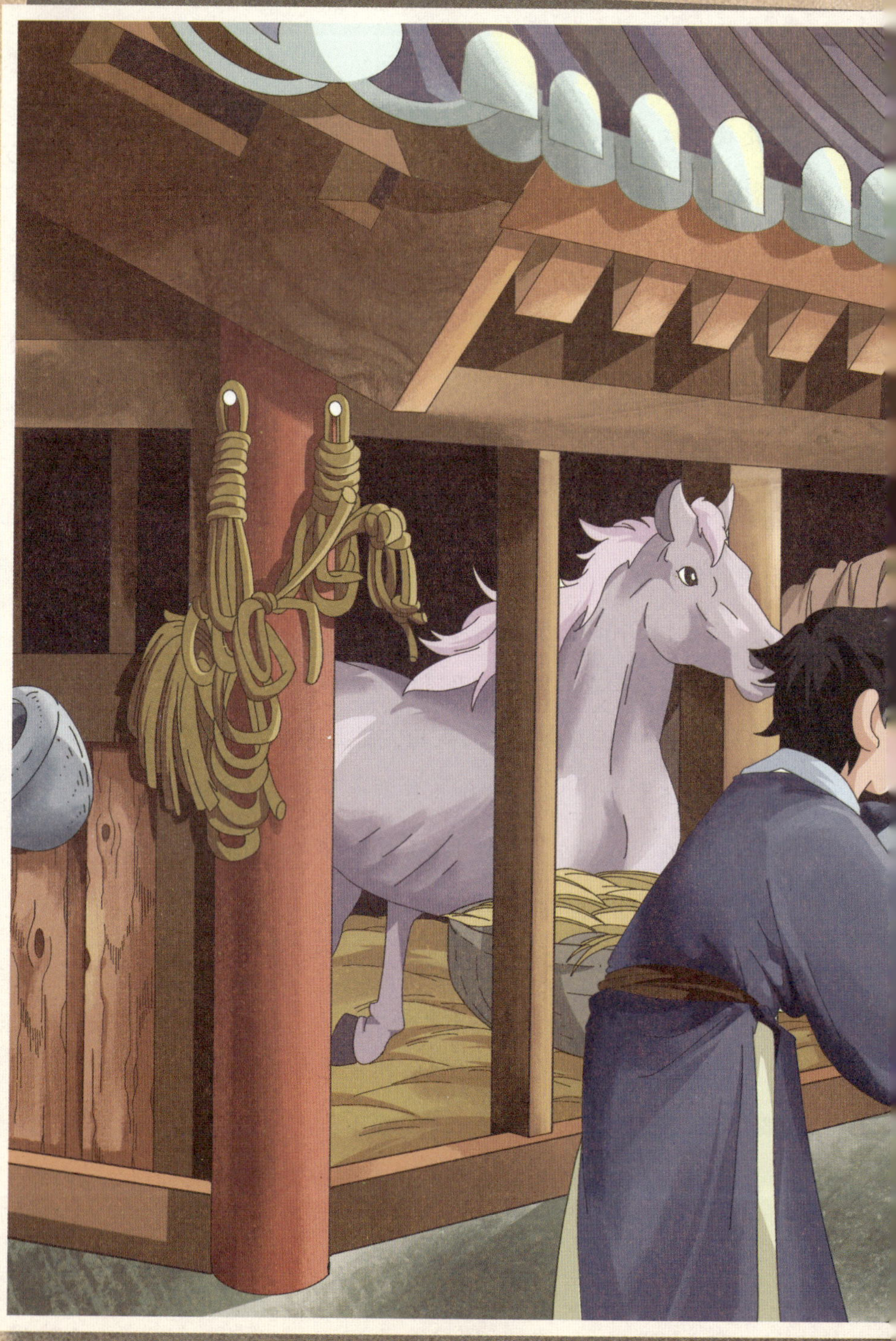

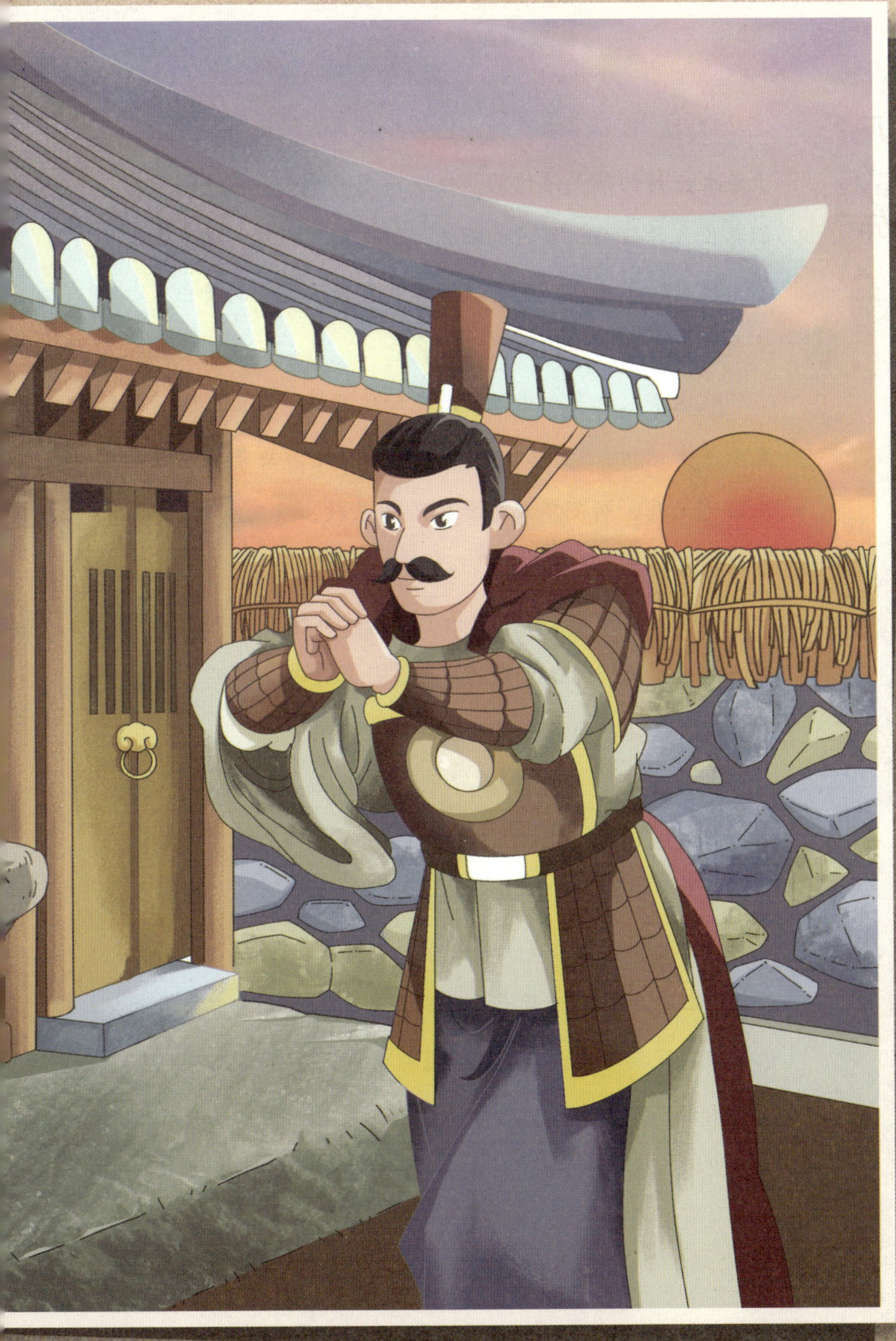

建功立业，可以名垂千古，岂不知将军战场厮杀的背后，给予最大支持的就是像你们这样默默无闻的人。试想，没有你们养出来的好马，供我们驱驰，何谈胜利呢！"

我当时很感动，觉得卫将军没有否认我们的付出，心里很是欣慰。

我这个人也是个热心肠，我知道卫将军在挑选坐骑，就直截了当地说："将军，不瞒您说，这处御马苑里，着实有几匹千里马，听闻不日您就将跨马杀敌，没有得意的坐骑，打起仗来可要吃大亏……"

没等我说完，卫将军就拍了拍我的肩膀，说："子满将军，这就是我这次到你这里来的原因。你养了几匹好马，连天子都知道，正是陛下让我来这里挑选坐骑的！"

我心里忍不住地骄傲，道："我这里训练出不少好马，但称得上翘楚的，只有五匹：幽影、龙友、紫电、青霜、白箭。尤其是幽影，名副其实的五明马，年齿正当青壮，训练有素，速度和耐力都是上品。紫电、青霜和白箭，年齿尚小，还需时日。龙友年齿最大，是群马的领袖，青霜、白箭的父亲。但在战场上与匈奴对敌，遇到同种，或恐被拐走。因此，我不主张让龙友出征，除非将来有同种马被引入马苑。"

卫将军大为激动，说道："龙友被天子赞为天马，我恐怕无福消受，幽影倒是很中我的意，不知道它能不能被我驯服。"

我也有此担忧："服不服你骑，只有骑上去才知道。我牵出来，您试试！"

幽影被牵出来的时候，卫将军的眼睛登时就亮了。他围着幽影转了又转，上下打量了不知多少眼，嘴里不住地啧啧称赞，直呼"神马"。

他从我手中拿过马鞭，翻身上马，准备一试。谁知道，幽影当即就狂尥蹶子，差点把卫将军甩下来。

我刚要上去协助，卫将军一摆手，示意我不可。就看他如同海上行舟一般，上下颠簸，几次几乎倾覆，都被他以坚强的意志抵住。跑出去有几里地远，幽影把力气使尽了，也没能把卫将军甩落下马。

最后，卫将军骑着幽影回到马厩，幽影一点脾气都没有了，服服帖帖地立在卫将军身侧，仿佛一个卫士。

我连连竖起大拇指，称赞卫将军是驯马的高手。

卫将军哈哈大笑，说道："幽影真是万里挑一的好马，这股子烈性，这股子冲劲，正合了我的意，子满将军，可不要怪我横刀夺爱呀！"

"宝马配英雄。幽影能够成为您的坐骑，也是它的幸运。

皇后之玺

西汉玉器,为正方形,2.8厘米见方,通高2厘米,重33克,以新疆和田羊脂白玉雕成,玉色纯净无瑕,晶莹润泽,玺纽为高浮雕的匍匐螭虎形,形象凶猛,体态矫健,玺面阴刻篆书"皇后之玺"四字。

西汉皇后之玺是汉代皇后玉玺的唯一实物资料,对研究秦汉帝后玺印有着十分重要的价值,被列入"第三批禁止出国(境)展览文物目录"。

现藏于陕西历史博物馆。

希望你们合作愉快,在战场上多多杀敌,为国立功!"

3

卫将军似有言之未尽之意,我连忙问:"将军有何吩咐,我自然奉命!"

卫青一边抚摸着幽影,一边对我说:"有了宝马坐骑,我自然是喜出望外。但是,还有一个不情之请。我这次出征,天子让我小试牛刀,只给一万骑兵。我想着马都要你这里的。天子已经允许。我想着,这一万匹马要是缺了你的看护,我们使起来还能得心应手吗?所以,我想请求子满将军跟我们一起出征,专门照顾马匹。"

瞧瞧,这位天子眼前的大红人,冉冉升起的将星,此时此刻多么谦逊。这么春风化雨的请求,让我心里一百个愿意随他去反击匈奴。

我当场就痛痛快快地答应了。卫将军非常高兴,当时就拉着我的手,要跟我尽兴喝一场。

喝酒的事我记不太清了,因为那天确实喝多了。只依稀记得我当时大夸海口,说没有我驯服不了的马,还说到了战场之上，我也能杀敌立功。

现在想来，喝酒真不是一件好事，总是搞得人忘乎所以。

到了出征那一天，由于卫将军不允许我上阵，只允许我照管马匹，因此我选了紫电作为我的坐骑。我心想，紫电这个家伙性子最烈，最应该到战场上磨砺一番，好挫挫它的锐气。小家伙好像知道要出征一样，丝毫无惧，反而越发欢实了。

大军分为五路：卫青为车骑将军，从上谷出兵；太仆公孙贺为轻车将军，从云中出兵；太中大夫公孙敖为骑将军，从代郡出兵；卫尉李广为骁骑将军，从雁门出兵。每军各有一万骑兵。

队伍被拉出去后，各自寻找匈奴人厮战。结果骑将军公孙敖损失七千名骑兵；卫尉李广险些被敌人俘获，逃脱而回。公孙敖和李广都被判处死刑，交了赎金，才免了死刑，被降为平民。

只有卫将军领兵直捣龙城，斩杀敌人数百人。龙城之战，是汉朝自建立以来对战匈奴的首次胜利。

过了一个冬天——这个冬天发生了许多大事，其中有一件事，就是卫子夫为天子生了个男孩，卫子夫被封为皇后，皇后之玺被送到卫子夫宫中。

漫长的冬天结束后，天子命令卫青再次领兵出征，这次率领三万人马，从雁门出发。卫将军的军队生龙活虎，幽影在战场上表现优异，简直成了万马军中最亮丽的一道风景，就像一道霹雳一样，在两军阵前冲锋陷阵，极大地振奋了汉军士气。

小紫电也没辜负我的期望，别看齿龄也就相当于人类的幼年，但面对大阵仗丝毫不畏惧，跟着汉军驱驰杀伐，一点也不逊于成年战马。

我望着自己养育和训练出的战马在烽烟弥漫的战场上纵横驰骋，心里那股子兴奋劲，以及无限的欣慰，让我忘记了身处随时都可能丧命的疆场，忘记了对面的敌人就是号称"草原王者"的匈奴。

得胜回朝的时候，别人不知道我在这场战争中所起的作用，但卫将军却充满感激地望着我，一个劲地说，回来要跟我一醉方休。

我说："快拉倒吧，喝醉了我又该胡说八道了。"

第 9 章
马前向导

①

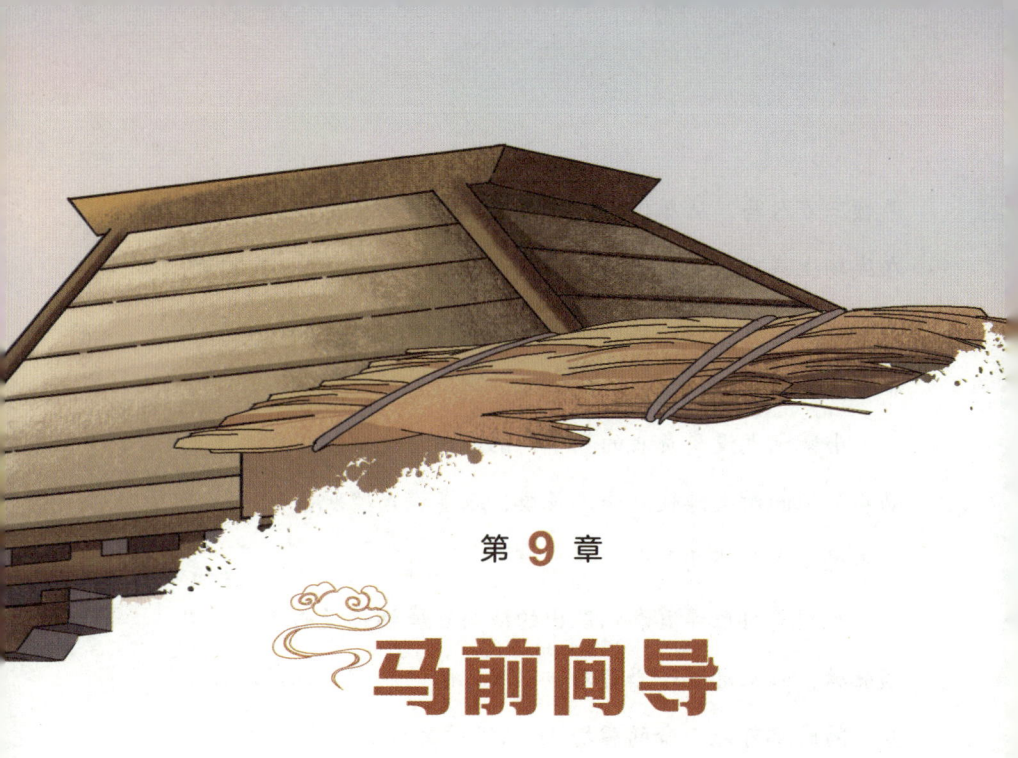

元朔三年，使团归汉。

张骞忙着到朝廷向天子复命，我却因为劳累，一到御马苑就病倒了。昏昏沉沉了不知多少日，当我醒来时，我那亲爱的弟弟正捧着一碗清凉的胡瓜饮，坐在我身旁。

我乍一见到十几年没见的亲人，不免热泪滚滚。

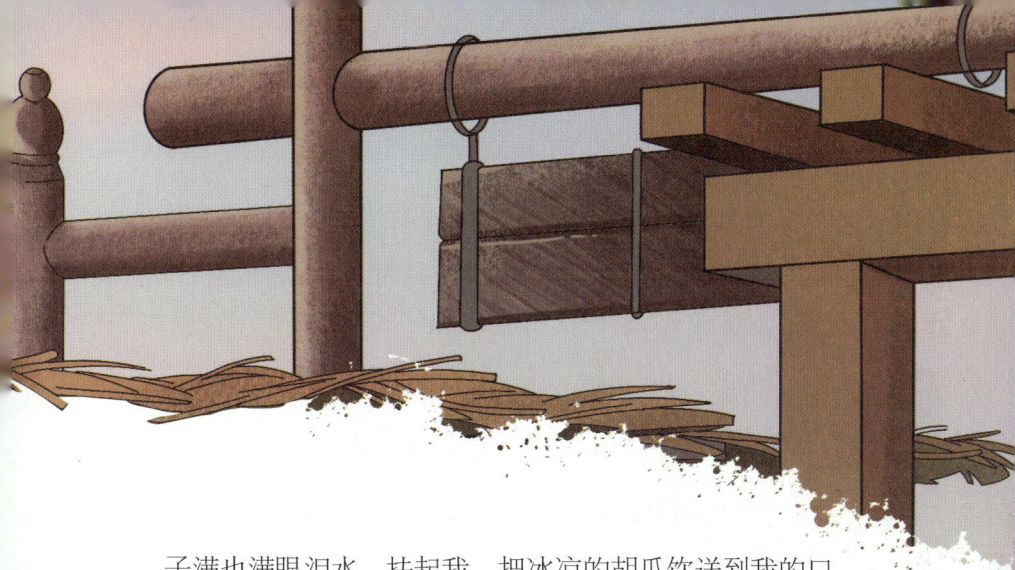

子满也满眼泪水，扶起我，把冰凉的胡瓜饮送到我的口中，笑道："老哥，你这一次出使西域真是辛苦了！"

兄弟久别重逢，仿佛有万语千言要说，却实在不知从何说起。

我饮下冷饮，精神渐渐恢复，就问子满："那一望无际的苜蓿可是你种的？"

"老哥，如何？"

"太好了！大宛的马就吃这个。看来河西这块地具备养育汗血宝马的条件。"

"老哥，你说什么？汗血宝马？你找到汗血宝马了？"

我连声叹息道："谈何容易！不过总算知道大宛国确有汗血宝马。有朝一日，一定要引入汉地，师父他老人家的毕生志愿不也是在此吗？"

一谈到师父，我们兄弟更加忧伤起来。

子满转移话题道:"朝廷也开始对匈奴用兵了,刚开始还有挫折,现在可好了,卫青被封为大将军,他骑着幽影,别提多威风了,打了不少胜仗呢!"

子满一提到幽影,就无比自豪。

"幽影都上战场了?"我急切地问道。

"何止幽影,紫电也跟着逛了一圈,虽然还小,可真是好样的,万马军中毫无惧色,将来不知谁有福气驾驭它呢!"子满脸上洋溢着自豪。

"当今天子真了不起,看来运气转到咱们大汉这边了。"

"没错,老哥。光出了个卫大将军还不算,且说还有个年轻小伙子,十几岁年纪,是当今皇后和卫大将军的外甥,叫霍去病,现任骠姚校尉,小小年纪就被天子收为侍中,让他秘密在上林苑中练习马术和排兵布阵,如今分配在卫大将军麾下,挑选八百勇士供他驱使,在塞外战场立下大功!在天子眼前红得发紫呢!"

我们兄弟正在闲聊,有人过来禀告:"骠姚校尉霍去病将军视察御马苑!"

我跟子满相视而笑:"说骠姚,骠姚到!"

我们不敢怠慢,赶紧出去迎接。

霍去病便服出行,只带了几个随从。进入御马苑,也

没什么旨意宣布,只是问:"快叫子满将军来见我!"

子满赶紧上前应承。我也跟着行礼。霍去病看着我,就问:"这位还未曾请教!"

子满说:"这是家兄,子六。他刚从西域回来。"

霍去病大惊,过来拉着我的手,问道:"可是跟随张将军一同出使西域的子六将军吗?"

我连连说:"不敢当!不敢当!"

霍去病满怀钦敬地说:"子六将军出使西域,历尽艰辛,令人钦敬!天子要驱逐匈奴,正是我辈建功之时。我此次来御马苑,也是为了坐骑而来。我舅父卫青的坐骑幽影,两军阵前虎虎生威。还望子六、子满两位将军也为我挑选一匹坐骑,在下感激不尽。"

说着,就要行大礼。我们俩赶紧拦住,说:"我们为国家养马,将军能够选得合适坐骑,乃是朝廷之幸!社稷之幸!"

②

进入马厩,左选右选,皆不中意,最后来到紫电所在的单独马厩,霍去病不走了,盯着紫电,也不说话,眼中放光。

"子满将军,听卫大将军说,你曾驾驭此马在阵上冲杀,如入无人之境。此马年齿虽幼,勇力却不输于幽影。我中意此马,恐怕有横刀夺爱之嫌,实在难以启齿。"

子满一笑,说道:"霍将军言重了,我们不过是为国养马,非为某一家、某一人养马,养的好马就是为了给英雄们杀敌用的,岂有夺爱之嫌?但有一样,像紫电这样的神驹,不是想骑就能骑的。英雄选马,马亦选英雄。最终能不能成为您的坐骑,还得看您的手段了!"

霍去病说了一声"好",就进马厩把紫电牵出来,当场一试,看能不能驯服。

他年轻气盛,翻身上马,打算骑上去就压制住紫电。

紫电一看生人上了身,管他什么将军不将军的,抽冷子发疯起来。别的马尥蹶子朝一个方向尥,紫电尥蹶子不分方向,转着圈地尥,纵然你多么厉害,三圈下来,也得一阵狂吐。

我们在旁边看着,就见霍去病刚上去,紫电就开始发威,搞得霍将军攀住紫电的脖子,一动不敢动。五圈之后,他再也支撑不住了,一个跟头栽下来,被甩到地上呕吐起来。好在摔在了一堆苜蓿草上,没有受伤。

我跟子满刚要上前帮忙驯服,霍将军摆了摆手,示意我们不可,他擦了擦嘴站起来,牵住缰绳,再次翻身上了马。

西汉博具

　　1974年长沙马王堆三号汉墓出土。博具盒边长45厘米，通高17厘米。

　　盒内包括1个博局、42根算筹（或称筭）、大象牙棋12枚、小象牙棋20枚、象牙削、角质刻刀、小木铲以及骰子（或称筊）各1件。博具有盖，底为矮足。盒盖和底外均髹黑漆。盒盖上锥画飞鸟、云气，并夹杂红色漆绘的几何图案。盒内嵌放有方木板形博局。博局髹黑漆，锥画云气纹。中间用象牙条嵌成方框，其外是用象牙条嵌成的十二个曲道和四个飞鸟图案。不使用时，博局被嵌在博具盒内，使用时，从盒内取出博局。博戏所用骰子出自同墓出土锥画双层六子漆奁内。

　　博是古代一种争胜负、赌输赢的游戏。其玩法为两人轮流掷骰行棋，以获算筹多者为胜。此博具是目前发现最完整的秦汉时期的博具。

　　现藏于湖南省博物馆。

这下紫电要想故技重施，霍将军可就不上当了。他紧紧勒着紫电的脖子，用上了锁喉的功力，把吃奶的劲儿都用在了双手上。

紫电毫不示弱，虽然脖子被人掐住，它忍住呼吸不顺的痛苦，撒开四蹄蹿了出去，一边跑一边跳跃，宛如一条惊龙在云海中翻腾踊跃。

再看霍将军，一动不敢动，几次差点被紫电甩落下马。他浑身上下的骨头快被紫电晃荡散了。

紫电折腾了那么久，没有一点疲累，反而越战越猛。

霍将军年轻，有无穷的力气，他双手没有放松，双脚又用力夹住了马腹。原来马腹上有一处马的软肋，一碰就会泄劲。霍将军探到这处软肋，紫电一下子软了。当它再次凝聚力量的时候，霍将军突然放开双手，凭借双脚立在马脊之上。

霍将军终于可以缓口气了，他拽出腰中马鞭，迎风一抖，把鞭鞘猛然甩出。那鞘头就像利箭一般射出，正中马的耳根。

这回紫电一下子瘫软下来，再也跳动不了了。想当初子满驯服它的时候，不也是用匕首刺破了它的耳根吗？霍将军跟子满同出一辙，降伏了紫电。

从马上下来，霍将军一身臭汗，气喘吁吁，嘴里却赞说:"紫电真是好马!此生能以紫电为坐骑,真乃一大幸事!"

我们都向他祝贺:"将军已然降伏紫电,可喜可贺!紫电尚在年幼,日后更是不得了,成为天下第一马,也未可知!"

霍去病非常高兴,携了我跟子满的手,回到马厩。

"两位将军,实不相瞒,还有一请。卫大将军出战,子满将军扈从,虽未上阵杀敌,却精心护佑马匹,使得几场大战下来,马匹没什么损失。我想再次出征,也想请子满将军随从,不知子满将军意下如何?"

3

子满十分为难,说道:"将军盛情,我本不该推却,只是现在青霜、白箭都在训练的紧要关头,离了我不行,实在不能从命!"

霍将军有些尴尬:"又不是马上出征,没准到了出征之日,两匹神骏已经训练好了呢?"

子满解释说:"目前汉军缺乏良马,是不争的事实。将领们来选马,也不过有十来匹神骏可供挑选,但说句实在

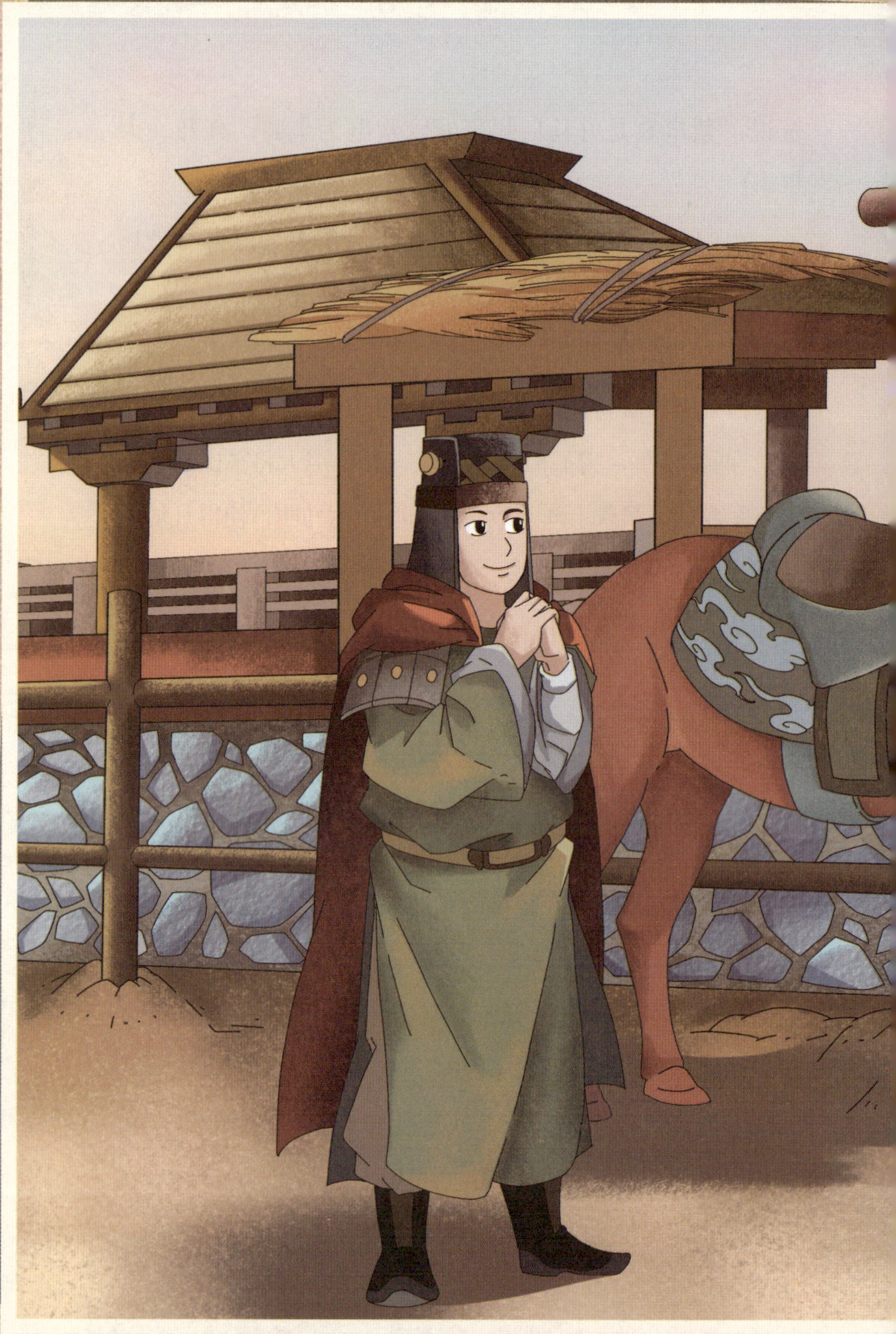

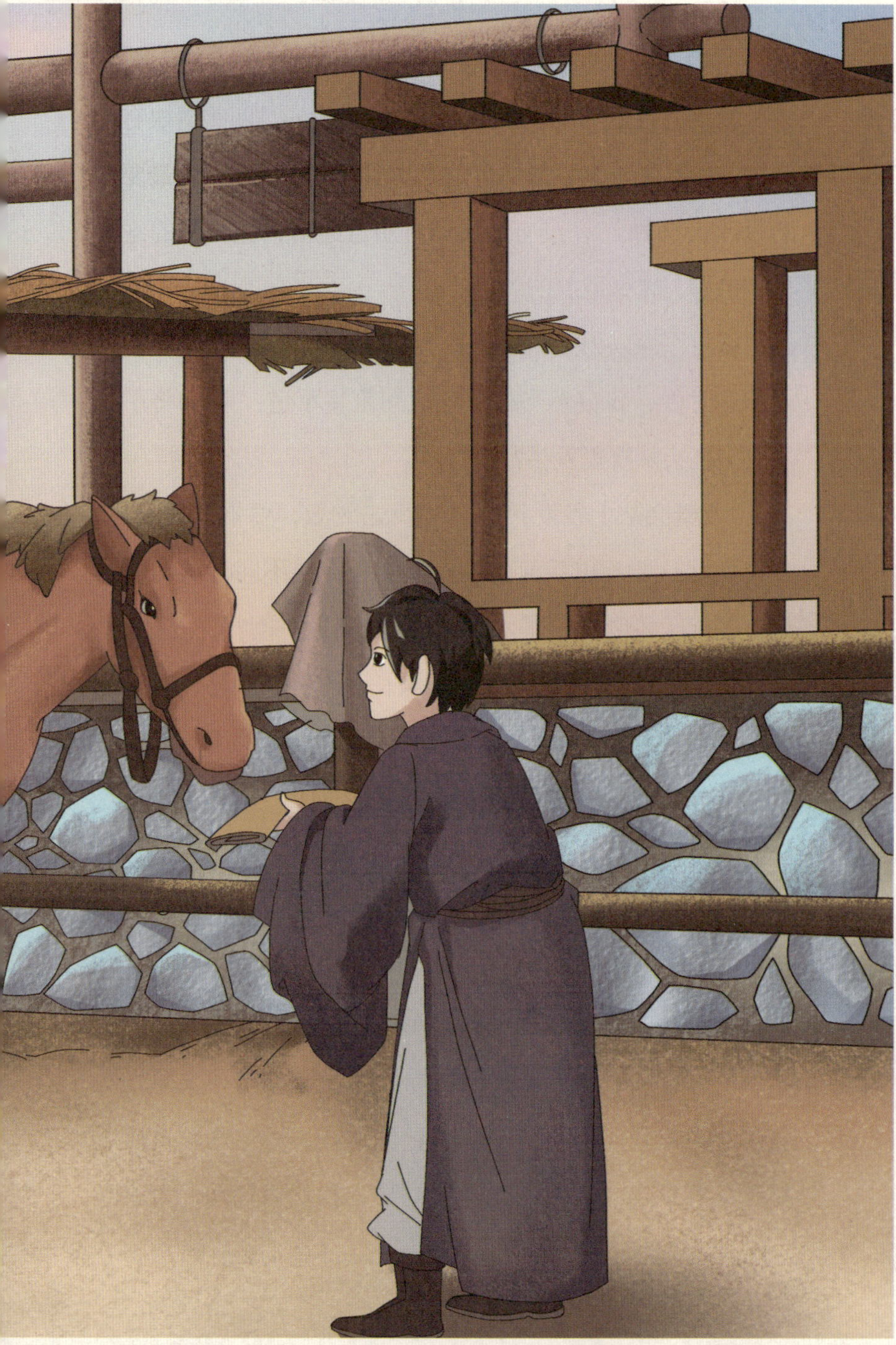

话,战事的胜败并不全在将领,光是将领的马匹跑得快有什么用,士兵跟不上,最终也是无功而返,因此,汉军最要紧的是改良马种。在没有优质马种引进之前,把眼下的这些马训练好,才是取胜的关键。"

霍将军深以为然,只是以子满不能从军为憾事。

这时候,我突然灵机一动,问霍将军道:"不知将军下一次出征会从哪里发兵?"

"大概会从上谷发兵。咱们反击匈奴,要不出兵上谷,直捣漠北;要不出兵河西,直驱王廷;要不同时从两地出兵,进行迂回包抄。子六将军,为何有此一问?"

"将军,实不相瞒,我弟子满长于养马、驯马,对于行军打仗着实不感兴趣,要是您不嫌弃,我向您推荐一人,可做向导,我也愿意追随将军,效犬马之力!"

霍去病喜出望外,振奋地说:"推荐哪一个?快说出来,我好向天子奏请!若能得子六将军鼎力相助,我何愁大功不成!"

我笑道:"当年我跟张骞将军出使西域,曾陷入匈奴帐中,也曾游历匈奴广大疆土,并对其地形地理、水文草场做过详细的记载,绘制图形。我记性差些,可这些珍贵情报都在张将军胸中。何不请他为向导,我从旁辅助,大事岂有不成的！"

霍去病击掌道："真是太好了，有二位襄助于我，何愁不破匈奴！"

霍去病去后，我也挑选了我的坐骑，龙友是天子御封的天马，我自然不敢夺美，幽影归于卫大将军骑下，紫电又被霍将军相中，所幸还有青霜、白箭。我最后选择了白箭，因为一匹白马正符合我"白马王子"的人设。

后来，我回到现代，当我的同学问起我在穿越过程中，最让我难忘，也最让我兴奋的一件事时，我毫不犹豫地说："我曾像唐僧那样拥有过一匹白马！"

而且，我的白箭比唐僧的白马更让人喜爱。它四蹄上的一圈墨染的毛色，使它拥有了一个非常霸道的外号——"踏铁裂"，铁都能踏裂，你说狠不狠吧！

在马厩休养期间，我每天就是训练白箭。人和马之间的默契全在日常训练中培养。我按照伯乐子明所亲授的方法，已然能和白箭很顺畅地交流，眼神、动作、声音，彼此都能会意。

时光匆匆，很快我的身体得到了恢复。霍去病那里却没有出兵的消息。我正在焦急等待时，霍将军的传令官来传令，让我马上到上谷去。于是，我日夜兼行，直奔上谷。

到了上谷，霍去病正在点兵，张骞也骑马伫立在军旗之下。他们见我来了，又见了我的坐骑，都不由赞道："好马！子六将军得此佳骑，威风百倍！"

我笑道："彼此！彼此！"

霍去病又问："此次出兵，天子寄予厚望，不知两位将军将何以助我？"

张骞胸有成竹，笑道："霍将军，匈奴的水源、地势等情况皆在我的胸中，我给将军做向导，再加上子六协助，绝对万无一失！"

大军抵达匈奴境后，霍将军亲任前锋，张骞跟我为向导。由于我们被扣留在匈奴很长时间，熟知地形、方位、水源，使大军免于奔波饥渴。

在我们的引导下，霍将军率领八百铁骑，径直抛开大军几百里，成功找到一股匈奴军队的驻地，竟然杀死单于祖父一辈的人物，活捉单于叔父。然后展开追杀，杀敌二千多人，其中包括匈奴相国等高级官员。功劳在全军中排第一。

凯旋后，天子封霍去病为冠军侯，张骞为博望侯。我也大受封赏。

第10章
万马青冢

①

汉匈攻守易势，匈奴尝到了败仗的滋味，这在之前的历史上可是鲜有的。

匈奴大单于迁怒于指挥失当的浑邪王和休屠王，发布命令召回浑邪王，打算处死他。谁知走漏了消息，事先被浑邪王知晓了。浑邪王与休屠王商量，打算投降汉朝。

当时朝廷正在边境用兵，匈奴二王就派军队到边境投降。

汉军将领李息当时正在黄河沿岸筑城，看见匈奴人到边境来，而且是为了投降，心中不敢擅自做主，就派人到长安送信，让朝廷裁夺。

天子闻讯，担心浑邪王用诈降的办法偷袭边境，于是就命令霍去病领兵前去迎接浑邪王和休屠王的降部。

霍去病率军渡过黄河，与浑邪王的部队相互远望着。浑邪王的副将们看到汉朝军队，多数不想投降，有好多人逃遁而去。

霍去病震怒，打马跑到敌营，同浑邪王相见，当场斩杀了想逃走的八千匈奴骑兵。然后命浑邪王一个人乘着传车，先到长安朝见天子，然后再由他领着浑邪王的全部军队渡过黄河，投降者有几万人，号称十万。

匈奴的投降部队到达长安后，朝廷花费了十几万的巨资进行安置，还为匈奴王公贵族一一封侯。

过了不久，朝廷就把归降的匈奴人分别迁徙到塞外，安置在大河以南，并不改变他们原有的习俗。

第二年，匈奴单于为了报复，派遣骑兵，入侵右北平、定襄，杀掠汉朝一千多人。

当初有个匈奴小王，兵败投降汉朝，取汉名叫赵信。

天子非常信任他，封他为侯，对他委以重任。他也多次在汉朝对匈奴战争中立下战功。后因战败被俘，投降匈奴，在单于王廷参赞军务，屡屡对汉朝不利。

他向匈奴单于建言，说汉朝军队不能越过大漠，匈奴王廷只要留在大漠之外，只派遣骑兵到汉朝边境进行抢掠，匈奴就总能保持优势。

可是随着汉军马匹、武器的改良和对匈作战经验的丰富，天子和诸将渐渐有了底气——虽说马匹上犹有不足，但绝非汉初那种虚弱的局面了，可以放手一战。

天子同诸位将军商议说："赵信替匈奴单于出谋划策，认为汉军不能跨越大漠，更不能在大漠中鏖战，我们现在应该让匈奴人看看我们的实力，要打就打出气势来，让他们瞧瞧厉害！"

随即，天子命令大将军卫青、骠骑将军霍去病各率五万骑兵，出击匈奴。

那些敢于奋力战斗和勇于深入的士兵都归于霍去病麾下。

匈奴单于也做好跟汉朝军队决一死战的准备，集中匈奴骑兵的主力，越过大漠，谎称要夺取定襄，实则杀向代郡，

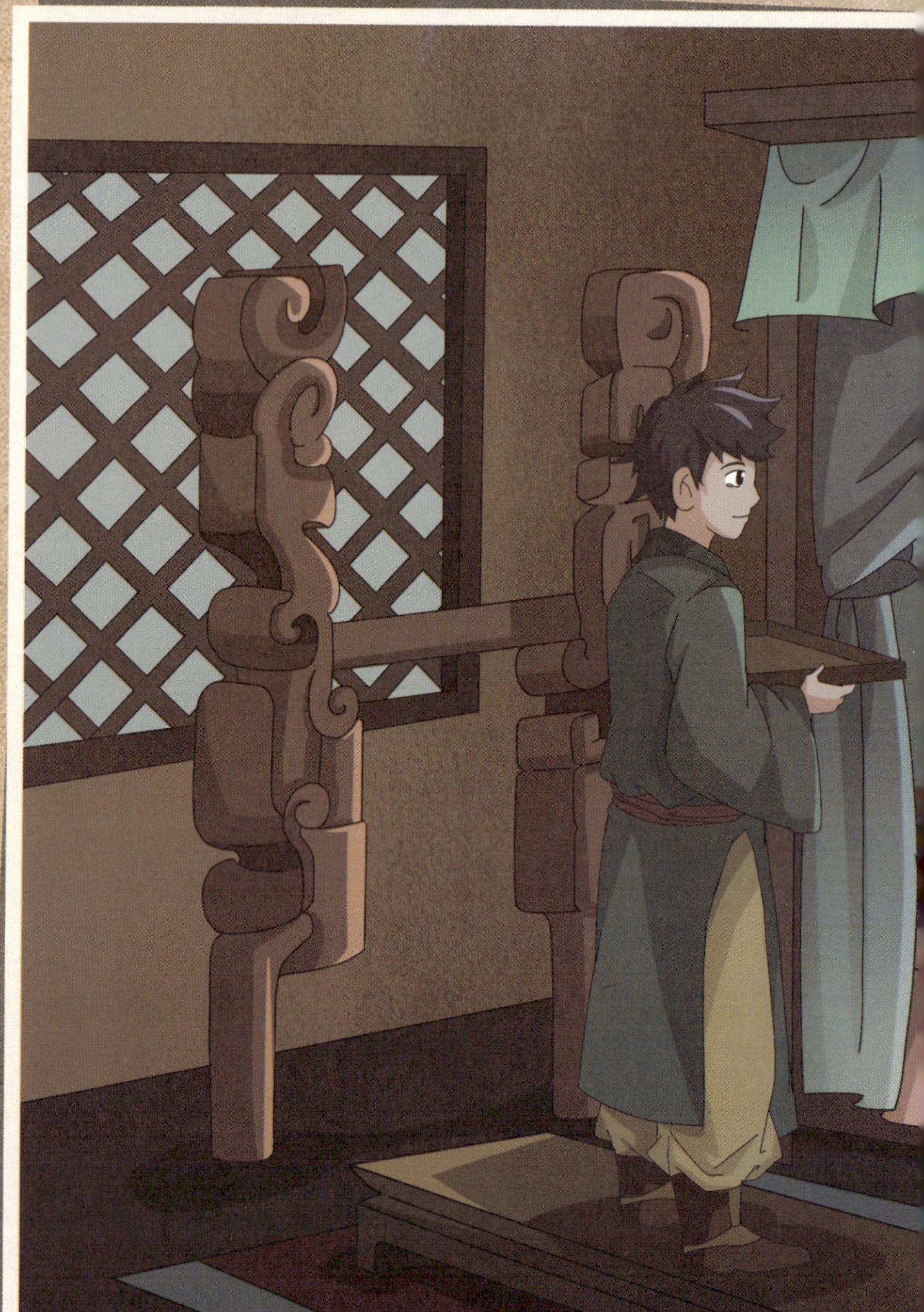

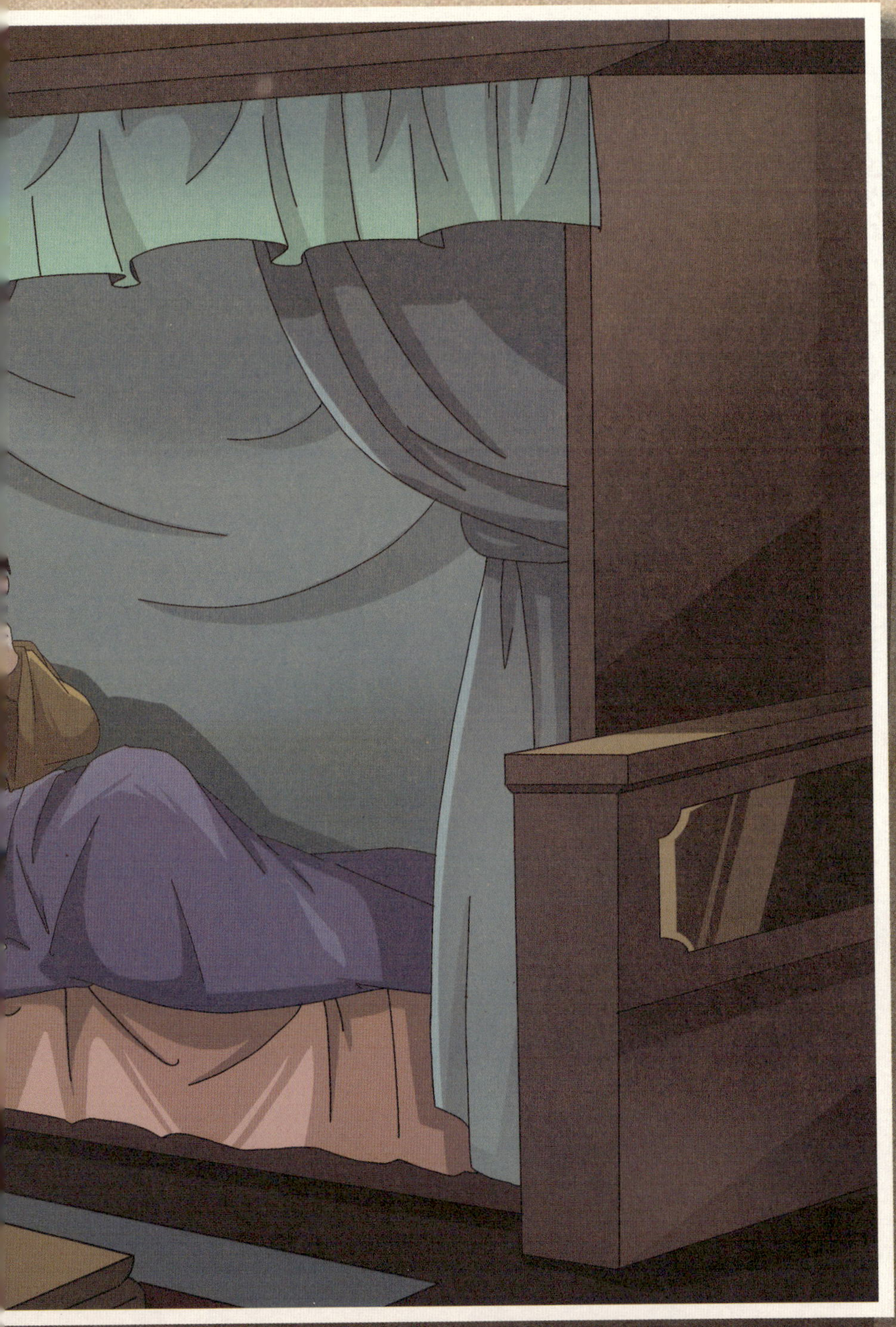

打算出其不意，攻其不备，从代郡直扑关中。

2

霍去病出兵之前，再次找到我们兄弟。

此时此刻，紫电已经成长为身经百战的神骏，跟霍将军珠联璧合，成为一体。战场之上，身为将领的，只有做到人、马、兵三者合一，才能百战成名。霍去病就达到了这个境界。他催动坐下马紫电，挥舞手中一杆长枪，在万军之中有如一条飞龙闪展腾挪于一道闪电之上，所向披靡，万夫莫当。

一见面，霍去病就拉着我的手，说："子六将军，上次漠北突袭，咱们合作默契，旷世无匹，这次出征，跟匈奴决战，你也不会错失此战良机吧！"

我爽朗一笑："非但我不肯错失良机，就连舍弟也想到战场上去叱咤一番！"

子满在一旁也说："是啊，上次到战场上倒是走了一遭，不过却是照顾战马，没有什么功业可言，这次希望霍将军带我去见识见识世面，让我也上场杀敌，让我们的青霜、白箭也露一露身手!"

"青霜、白箭?"霍去病不解地问道。

子满骄傲地说:"这是两匹神骏,虽比不上你的紫电,可在这十四万匹战马中,也能拔得头筹。其中,青霜是卑下的坐骑,白箭是我兄长的坐骑。我们哥俩都盼着骑着它们杀敌立功呢。我哥出使有功,天子大加封赏,我可还只是个养马的官呢。"

霍去病哈哈大笑:"建功立业有何难哉?这次天子派遣我跟舅父卫青各领五万骑兵出征,而且把跟单于主力对决的重任交给我,二位在我麾下,还怕不能立功吗?"

我从贴身的衣服中拿出一个包袱,打开来,里面是一张兽皮,上面密密麻麻画满了线条和蝌蚪文字。我激动地把这张兽皮交到霍去病手上,说道:"这张兽皮乃是匈奴王廷的地形图。想当年,我跟张骞将军出使西域,被拘押在匈奴,到处给他们治疗马疫,偷偷地绘制下此图。漠北一战,匆匆行军之中竟然遗失了,我如今凭着记忆重绘出来,绝不会有错的。有这个地图在,犹如明灯在手,匈奴单于再逃不出咱们的手心!"

霍去病接过一看,大为激动,大为振奋。眼中闪烁着

光芒，说："对于咱们军人来讲，这可是无价之宝啊，子六将军，你真是好样的，不但记忆力好，这份忠勇气概也是军中的楷模，我要上报天子，嘉奖你们，你们的一片苦心，我实在感激。别的不多说了，这次不能剪灭匈奴主力，我绝不回朝！"

我备受鼓舞："如今，形势喜人，战马充足，而且素养非常高。这可不是我们兄弟夸耀自己功劳，咱大汉的战马，已得到大大的改良，某些方面并不逊于匈奴战马。最为关键的是，匈奴人以为汉马还是之前的汉马，充满了鄙视和轻视。自古骄兵必败，如果他们还蒙在鼓里，那他们就会遭遇噩梦了。"

霍去病点头称是，道："还有一件好事呢，子六，现在汉军作战的战术和兵器也得到大大改进，早就不是高皇帝、文帝、景帝时的旧制了。咱们汉军骑兵分为轻骑兵和重骑兵。轻骑兵不穿甲胄，图的就是一个轻，咱们选的马也以快为主，兵器选用弩箭，一概放弃长枪、长刀、长戈。别小瞧汉弩，那可是能要匈奴命脉的武器。汉弩瞄准简单，穿透力强，专门用来对抗以骑射见长的匈奴骑兵。重骑兵配备带着内衬的甲胄和铁质的头盔，主要武器是传统的戟和戈,以体形高大的战马进行冲锋。汉军骑兵中,轻重的比例为一比五。以轻骑冲锋,以重骑剿杀,不怕匈奴彪悍难驯。"

我跟子满连连称妙。

霍去病一谈到作战就滔滔不绝:"作战单位较之以前也进行了大幅度改革。五名骑兵构成最小的单位,设立一名队长。两个小队十名骑兵组成一个骑士长指挥的小组。五个小组设立一个骑士吏,指挥这五十名骑兵。每一百骑设立一名骑卒长,每两百骑设立一名骑五百。每四百名骑兵组成一个曲,由骑千人或军候率领。然后,由两个曲加上辅助的士兵组成一个近千人的部,由校尉或骑都尉指挥,最后根据需要,出动的规模由几个或更多的部组成出征部队。"

我跟子满拍掌道:"如此就可灵活作战,各自负责,战斗中,就可以以曲作为基本的作战单位,以一百骑构成一个个的战斗小方阵,再根据实际的战斗情况进行调整,基本上采取轻骑兵从两翼快速包抄、重骑兵中央推进的战术,这样一来,匈奴人就会完全蒙掉,他们从来没遇到过这样的汉军！"

霍去病鼓舞我们说："子六、子满，不用犹豫了，加入剿灭匈奴的大军吧，建功立业正当其时啊！"

我跟子满心知肚明——建功立业对于我们两个穿越而来的人来说有什么诱惑力呢，不过是玩笑罢了，不过我们对这些战马用尽心力，倒要看看它们在战场上的表现。

3

大战开始了。

霍去病先是听说单于主力朝定襄杀来，准备从定襄出兵。后来俘虏又说单于改道，向东边的代郡杀去。霍去病也改道代郡，直扑匈奴主力。

天子也获知单于动向，改派大将军卫青从定襄出兵，郎中令李广做前将军，太仆公孙贺任左将军，主爵都尉赵食其任右将军，平阳侯曹襄任后将军，他们都隶属大将军。

五万骑兵随即越过沙漠，同霍去病的五万骑兵一起等着跟单于的主力交锋。

赵信为单于出谋划策说："汉军已越过沙漠，人困马疲，匈奴大可以逸待劳。"于是，单于下令把他们的辎重全部运到遥远的大漠以北，坚壁清野，准备等汉军疲惫不堪之时一举歼灭。

正碰上大将军卫青的军队开出塞外一千多里，看见单于的军队排成阵势等在那里，于是大将军下令让武刚车排成环形营垒，又命五千骑兵纵马奔驰，抵挡匈奴。

匈奴也有大约一万骑兵奔驰而来。恰巧太阳将落，刮起大风，沙石打在人们的脸上，两军都无法看见对方，大将军又命左右两翼急驰向前，包抄单于。

单于看到汉军人数很多，而且战士和战马还很强大，若是交战，对匈奴不利。因此，傍晚时，单于就乘着六头骡子拉的车子，同大约几百名壮健的骑兵，径直冲开汉军包围圈，向西北逃窜。

这时，天色已晚，汉朝军队和匈奴人相互扭打，杀伤人数大致相同。汉军得到消息，说是单于已然夜遁。汉军派出轻骑兵追击，大将军的军队断后。

匈奴的兵士四散奔逃。直到天快亮时，汉军已疾驰二百余里，没有追到单于，却俘获和斩杀敌兵一万多人，

于是到达了寘颜山赵信城，获得匈奴积存的粮食以供军队食用。

汉军留住一日，把城中剩余的粮食全部烧掉才归来。

大将军卫青进入边塞，此次总共斩获敌兵一万九千人。

这时，匈奴的部众失去单于十多天，右谷蠡王听到这消息后，就自己当了单于。单于后来又与他的部众会合，右谷蠡王只好去掉自立的单于之名。

霍去病也率领五万骑兵，押着所俘虏的匈奴士兵，携带少量军需物资，越过大沙漠，渡河捕获单于近臣章渠，诛杀匈奴小王，斩杀敌将，夺取其军旗和战鼓。

随后轻骑疾行，翻越离侯山，渡过弓闾河，捕获匈奴屯头王和韩王等三人，以及将军、相国、当户、都尉等八十三人。然后在狼居胥山祭天，在姑衍山祭地，并且登上高山以望大漠。

此一役共捕获俘虏和杀敌七万零四百四十三人，汉军大概减损十分之三。他们从敌人那里缴获粮食，所以能够远行到极远的地方而不用担心军粮断绝。

经此一战，"匈奴远遁，而漠南无王廷"。

当初，卫青和霍去病所率领的两支大军出塞时，曾在边塞阅兵，当时官府和私人马匹共十四万匹，而他们重回塞内时，所剩战马不满三万匹。

按理说，仗打胜了，我们兄弟应该高兴。可莫大的悲哀笼罩在我们心间。一将功成万骨枯，枯的不仅仅是士兵的白骨，还有数以万计的宝马神骏的白骨。

看着我们辛辛苦苦培养驯养的战马，为了人类的征战杀伐而无谓牺牲的时候，纵然建立日月般的功勋，我们也高兴不起来。

大军得胜班师后，我跟子满申请留后几日。霍将军也十分理解我们，安慰了我们一番，让我们早早回长安去。

我跟子满说："老弟啊，这么多死去的战马，我们收尸也收不过来，我看左近有一个大坑，我们把这些尸体推到大坑里埋掉，也省得让这些战马曝尸荒野。"

子满说:"老哥,咱们亲手调教出来的这些战马,为大汉立下了汗马功劳,可是除了幽影、紫电等几匹战马留名青史以外,其余十一万匹战马竟然无名,让老弟我心中好生难受!"

"老弟,现实就是如此,你也不必太伤感。我们抓紧干活吧。"

我们两个合作,把一匹一匹战马的尸体抬到大坑里。

这一天,正干活呢,忽然发现一个身影,也在把尸体往坑里运,不过是在另一边。

我们对那个身影十分熟悉。没等我喊呢,子满就喊道:"子明师父,别来无恙?"

师徒相见,既兴奋又伤感。子明简单说了一下经历。原来,他在西域诸国游历了一番,得知汗血宝马的精确养地,可惜无法弄到,只有抱憾而归,另思良策。

当他返回汉朝的时候,汉匈的关系进入短兵相接阶段。他在暗中帮助汉朝的军队,功成之后,不忍让战马的尸体暴露荒原,就等汉军撤去后,尽心掩埋马的尸体,不想跟两位爱徒相遇。

师徒三人花费不知多少个日夜,只知道刚开始抬的是血肉模糊的尸体，后来捡的就是累累白骨了，最后我们把尸体和白骨都投入大坑中掩埋，然后竖起一个大封土堆，并立了一块巨大的石碑，上写：大汉万马冢。

萧瑟秋风，万古功名，到头来不过是一堆黄土。

第11章 汗血宝马

①

伯乐子明在万马冢待了一阵子,心有不甘,便想着重返大宛。临行之时,告诉我们:"你们把汗血宝马的情况报告给天子,让朝廷赶紧想个办法出来。"

我们不敢怠慢,赶紧上书天子。天子虽然取得了对匈作战的重大胜利,可对于失去了好不容易养起来的十多万匹优良战马而心生懊恼。他收到我们的报告后,立刻封张骞为中郎将,再次出使西域。

此次出使的目的主要是为了联合乌孙消灭匈奴,顺便看看能不能引进汗血宝马。

这次还是让我随行，子满依旧留守照顾战马。

使团离开长安，奔驰在河西走廊的绿洲上——想当年这里全为匈奴所据，东西交往不通，如今河西之地尽归汉家所有。奔走在自家的土地上，张骞和我的心里别提多高兴了，连胯下马都好像知道这是自家疆域似的，头昂得高高的，四蹄翻飞。

这次出使可比第一次顺利多了，所到之处所受阻碍并不多。就连原是匈奴势力范围的国家，现如今也因匈奴的失利而倒向大汉，都愿跟大汉修好，因此发自内心地善待汉使。

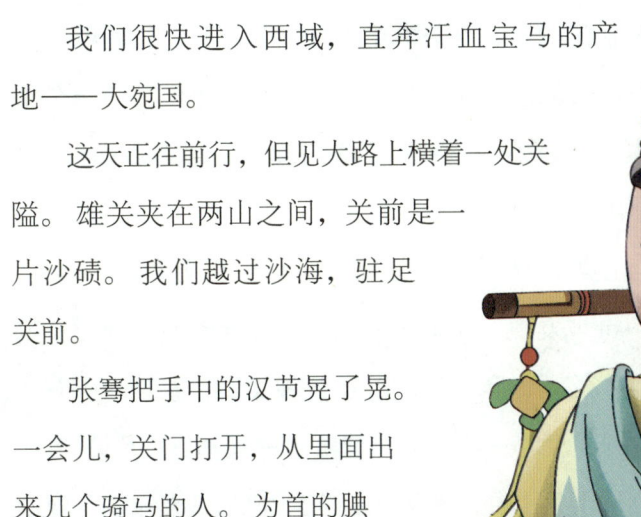

我们很快进入西域，直奔汗血宝马的产地——大宛国。

这天正往前行，但见大路上横着一处关隘。雄关夹在两山之间，关前是一片沙碛。我们越过沙海，驻足关前。

张骞把手中的汉节晃了晃。一会儿，关门打开，从里面出来几个骑马的人。为首的腆着肚子，神情傲慢，问道：

"哪国的使者？要到什么地方去？"

张骞在马上施了一礼，回答道："我们是大汉的使者，打算前往乌孙国，敢问这里是哪国的地界？"

那守关的长官一听是汉使，态度立刻缓和，说道："原来是汉使。你们到了我大宛国界了。我主有令，但有汉使过关，一定要送到都城，国主要款待呢！"

我跟张骞对视一眼，心想：原来这里就是大宛国了。

我们被大宛士兵护送着，又行了三四日，到了一处所在。

那是一座大城，巍然矗立在一片广袤的绿洲之上，四周有高低起伏的山峦，有一眼望不到边际的草甸和草场。有两条大河，一条蜿蜒从城外流过，一条穿城而过，在城外跟外河交汇一处。水流迅猛，翻滚着旋涡，必定是上游刚降过一场暴雨。

催马进城，城里倒十分热闹，有买有卖，商贾云集。我们还惊奇地发现，汉地出产的货品比比皆是，筇杖、蜀锦、瓷器、丝绸、麻制品，以及各种漆器、家具，应有尽有，仿佛到了汉地一般。大宛都城——贰师城一片繁荣。

我们被士兵引导，七拐八拐来到王宫。大宛国王要亲自接见我们。

在大殿之上，大宛国王看到我们，难免有些诧异，问道："汉使为何来此？"

张骞擎着汉节，就把为何出使、目的地所在等一一跟国王讲了。

大宛国王道："汉使一路艰辛，到了我大宛国，就好好歇息。我早就听说汉朝繁华，乃是天下大邦，物产无所不有。大宛早就想通使交好，怎奈隔着匈奴，可望而不可即。如今，汉使从天而降，我国欲与汉朝修好，不知汉使意下如何？"

张骞不卑不亢地说："大汉地大物博，物产丰富，人民富庶，海内无匹。我家天子也早有跟贵国交好之意，怎奈匈奴阻隔，无从通使。我这次作为汉使出使西域，不瞒大王说，也是为了联络乌孙等国，一起对付匈奴。如果大王能够助大汉一臂之力，相信我朝天子一定不会辜负您的美意，一定会重重报答您的义举！"

大宛国王高兴地说："那真是再好不过了。"

2

当天我们被安排在贰师城最豪华的商社休息。大宛人

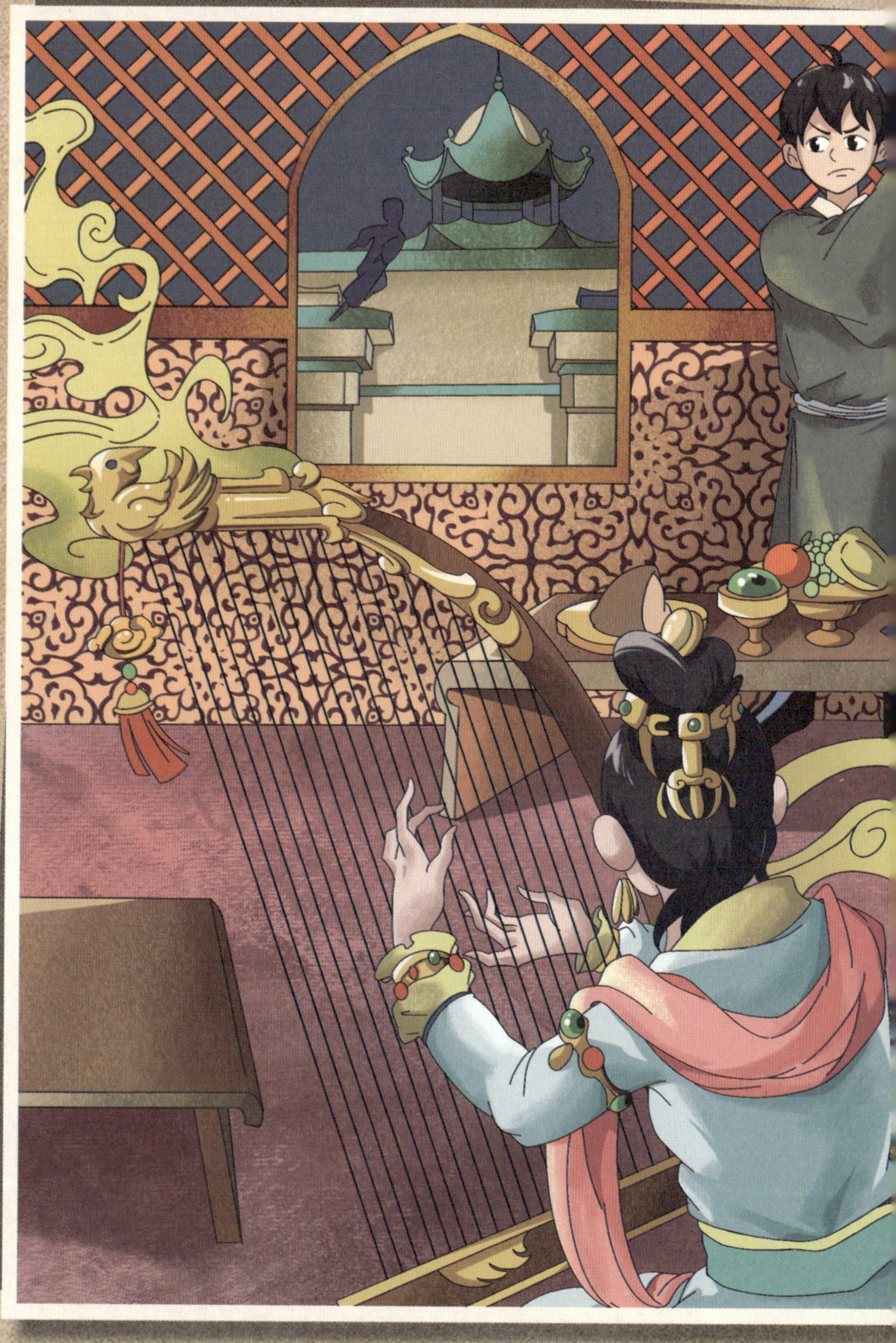

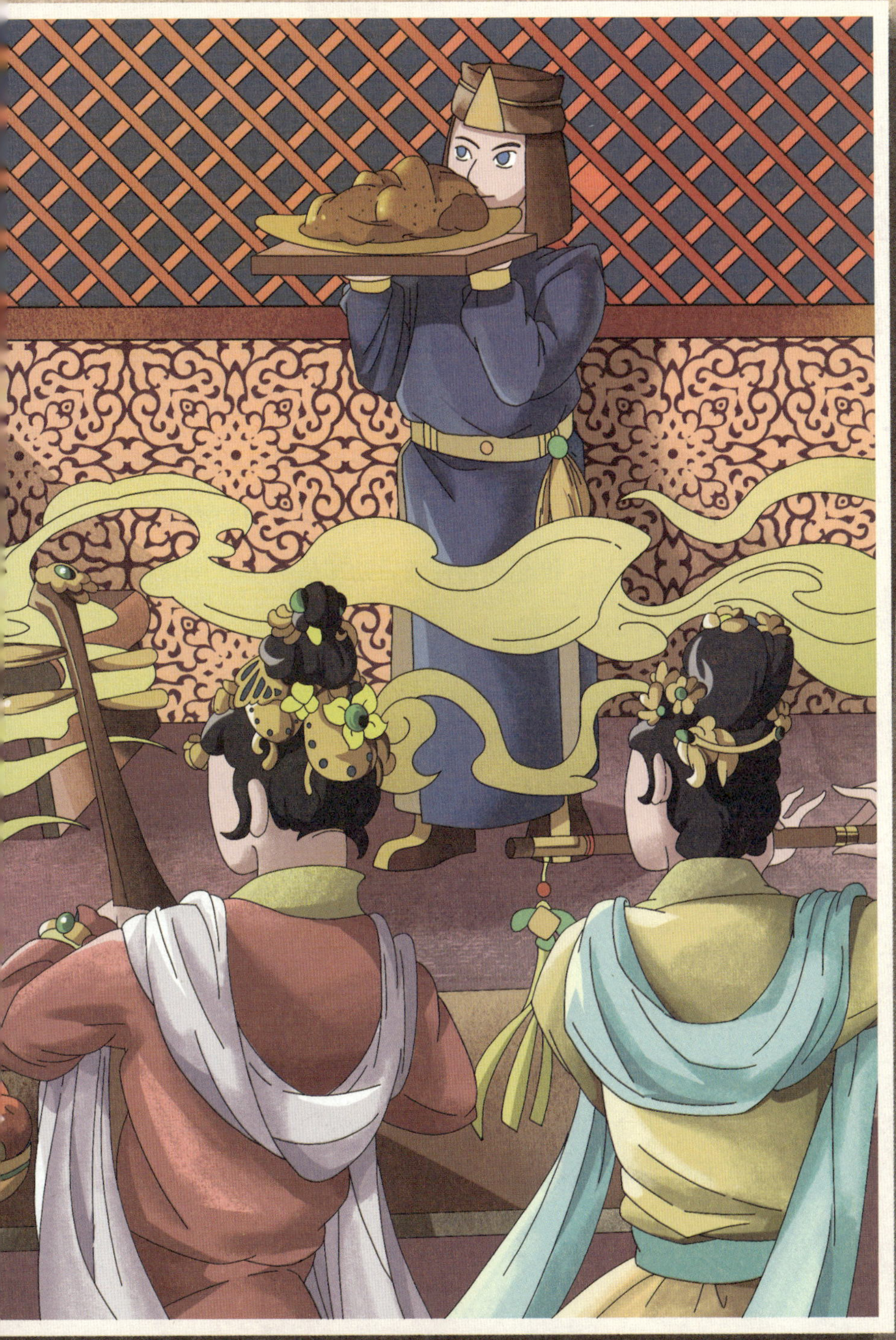

倒也好客，给我们弄了不少的烤肉和葡萄酒，让我们敞开了吃。

原来，大宛国是葡萄产地，有广阔的葡萄种植园。葡萄丰收了以后，被酿成酒，然后灌进木桶里储存起来，供日常饮用和款待来客。贰师城的人家，大都建有酒窖，里面储存的上好葡萄酒多少年都饮用不尽。

我们几个汉人从没喝过这种酒——刚开始喝的时候，觉得口感酸涩，不及汉酒清冽。我们以为葡萄酒度数低，多喝几杯也无碍，谁想到葡萄酒后劲却是不小。喝得多了，头就有些发晕。

使团的几位材官贪杯，一连饮了十几大杯，仍然觉得不尽兴。他们自己不觉得喝多了，我们却发现他们东倒西歪，说话都断片了。我跟张骞让他们各自回客房，以免生事。

张骞饮了几杯，回房睡了。留下我自斟自饮。

我喝得缓慢，每次都是一小口，因此未曾醉倒。还有几个酒鬼依然兴高采烈地猜拳行令，喝得不亦乐乎。几个胡姬在厅堂上舞蹈，摇曳生姿。

我正在发呆迷离中，忽然感觉有个东西打在我的脑袋上。我一下子惊醒，发现有个小石头从我的头发上滑落到酒桌上。我拾起来一看，是绿豆大小的一块墨玉飞蝗石。

会打这种石头的人,都有武艺在身。我佯装半醉,饮了一口酒,趁机四下里查看,并无异常。我只好假装继续喝酒。

就在我站立起来要回客房的时候,眼睁睁看着一块石头从我斜对着的窗子打进来,直奔我的脑门。我暗叫了一声:来得好!假装去捋头发,伸手就把飞蝗石接在手里。

想当初,我跟伯乐子明学习相马的时候,他也顺便传授了我几手攻防之术,没想到今天用上了。

我一个箭步冲出去,望见一个黑影像狸猫一样跳上屋脊,几闪就不见了。

我哪里肯放过,也跳上屋脊,紧追不舍。

追了大半个时辰,终于来到城墙边上一处偏僻之处。黑影到此停住步伐。

我站到离他一丈远的地方收住脚步。

那黑影淡然一笑,问道:"这大宛国如何?"

我劈头问道:"阁下半夜把我引到这里,意欲何为?"

那人哈哈大笑,说道:"你小子倒浑身是胆,不知道幽影被你养得如何了?"

我大吃一惊,幽影虽然在汉军中成了"明星",但是远在万里之遥,若不是故人,谁能说出幽影的大名?

我赶紧施礼,说道:"阁下难道是汉人?要不然怎知我大汉有幽影宝马?"

那人又是一笑:"要不是有我在,幽影恐怕也难以成名!子六,为师在此,还不过来拜见?"

我一听此言,当即跪下,泪如泉涌,泣道:"万里关山阻隔,不承想在大宛再遇恩师,真是喜煞弟子了!"

"起来吧,孩子。你们哥俩都是重情义的,也不枉为师教授你们一场。只是现在绝非闲谈之时,当下有一件大事,需要咱们师徒合力完成。"

"师父请讲!"

"贤徒,万马冢一别,为师便潜入大宛,隐姓埋名,暗访汗血宝马的下落。如今已经查得清清楚楚。只是那大宛国王视马如命,绝不肯把汗血宝马平白送人;再者,大宛跟匈奴有密约在先,大宛的每一匹汗血宝马的下落都要报告匈奴知晓,否则匈奴就不会再保护大宛,而周边的乌孙国、康居国和月氏国随时都可能让大宛灭国。"

3

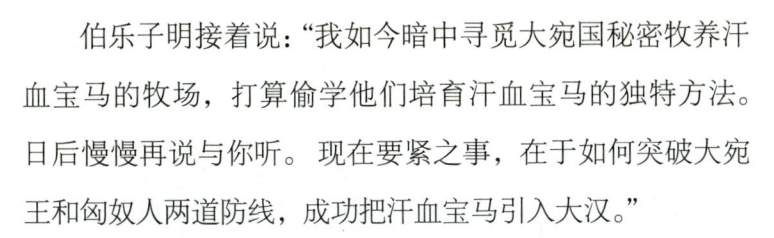

伯乐子明接着说："我如今暗中寻觅大宛国秘密牧养汗血宝马的牧场，打算偷学他们培育汗血宝马的独特方法。日后慢慢再说与你听。现在要紧之事，在于如何突破大宛王和匈奴人两道防线，成功把汗血宝马引入大汉。"

我思量了一会儿，说道："师父，其实此次天子派我们出使西域，目的有二。其一是联盟乌孙等国，共同抵抗匈奴；其二就是寻访汗血宝马，引入大汉，改良马种。为此天子不惜重金。有金钱为使，兴许可以通融。"

伯乐子明反问道："要是行不通呢？"

我反复沉吟，说道："实在不行的话，只能兵分两路。让张骞继续出使乌孙，达成同盟之事；我留下来，在大宛周旋，务必搞清楚汗血宝马的情形，为将来采取进一步行动做好准备。说实话，现在还不知道大宛国的政治形势，如果是亲匈奴的贵族掌权，那咱们思谋的事情，难度就大大加大了。如果是亲汉派掌权，相对就会容易得多。"

伯乐子明捻着胡子，说道："我打听清楚了，为了谋求匈奴的保护，大宛每年都要向匈奴进贡宝马上百匹！"

我气愤地说:"匈奴人欺人太甚,文章都做到马身上了。我豁出命去,也要把汗血宝马引入大汉!"

伯乐子明最后说:"贤徒,就按你说的来。你回去跟张将军商议,定了计,下一步该如何行动,为师自然会找你。权且别过吧。"

我还有千言万语要跟师父说呢,可是事情紧急,不容一叙,只好作别。

我依依不舍,眼见着师父的身影不见了,才回到商社。刚进到客房,张骞就推门进来,忧虑地说:"子六,你去哪儿了,让我好一番着急!"

我就把遇见伯乐子明的事跟他说了。

张骞反复推敲,最后说:"依我看,你的想法不对。首先咱们不能再在一处了,否则出了意外,就没有回转的余地了。我跟材官们继续往乌孙去,你跟尊师留在大宛。如果大宛王心动,自然是好。如果不动心,搞得双方不乐,自然你要受些白眼,但绝不会有性命之虞。你跟尊师在大宛灵活处置,最要紧是搞清楚大宛跟匈奴到底是什么关系,然后再采取行动,且不可胡来!"

我点头称是,说:"这样的话,你明日就到王宫去,要求大宛王派向导和卫士保护你北上，我且安住在商社中，过些时日再去周旋。"

计策虽然定了，但一股前途未卜的情绪笼罩在我们心间，久久无法消散。

第12章 自捶金马

1

按照约定好的，张骞在大宛卫士的护送下，离开了贰师城，朝着康居国界驰去，穿过康居国，才能达到乌孙。

我留在贰师城，相机行事。

我随身携带了一套汉朝的博具，闲来没事干，就跑到商社里，跟那里的客商玩上几局，顺便打探匈奴的消息。

有一天晚间，我又到了商社，慷慨表示，晚上所有的消费，包括烤肉、葡萄美酒，以及其他的西域美食，甚至是马匹的草料、细料的费用，都包在我身上。

商社里一片欢呼声，纷纷举杯朝我敬酒。

我随便饮了几杯，就躲在一个角落里，浅斟慢饮，那个时候我还真有点想家了，想念我那个"没头脑"的老弟。

夜色渐深，在场的人酒兴正浓，有的开怀畅饮，有的猜枚行令，有的起身跳舞。声音嘈杂，让人有迷幻之感。

此时混进来一拨人，这伙人虽然是大宛人的打扮，但跟我一样，一看就是个外邦人，而且依我看来，必是匈奴人无疑。

说实话，西域是个大外交场，西方的、东方的都在此交汇。西域号称大国三十六，小国五十余。这里面数匈奴人的名声最差，因为他们依仗凶悍的骑兵为非作歹，以控制和遥控他国为乐。

此时的匈奴人已成为西域人的噩梦，他们再怎么装扮，那股子悍蛮劲也无法消除，因此他们一进来，不但是我，在场的许多人都识得了，一时间气氛变得紧张，商社里的人纷纷互相示意，提醒多加小心。

一场欢快的盛宴就这么戛然而止，大家都十分扫兴。

匈奴人进来，也不言语，一摆手，示意店家赶紧上酒。店家赶紧望了我一眼。

我倒无所谓，一个羊是赶，一群羊是放，多几个匈奴人怕什么，正好我还可以窥探这些匈奴人的来头。于是，我朝店家点了点头。

店家会意，很快就把上等的葡萄酒给匈奴人端上了桌。

这些匈奴人饮了一阵，起身就走。临走还扔了一把钱在桌子上。

店家赶紧过来，让他们把钱收起来，并指了指我，说今晚所有的开销都由那个人包了。

匈奴人也不道谢，只是在我身上扫了几眼，就走入暗夜中。

他们前脚走，后脚商社的狂欢就又开始了。

我趁着热闹出来，悄悄跟在那些匈奴人后边，看他们到哪里去，有什么企图。

这些匈奴人似乎对贰师城很熟悉，轻车熟路地来到一座很大的府邸前。

匈奴人在大门上连拍了两下，间隔了一会儿，又拍了两下，如此连续拍了三次。就听"吱呀"一声，大门打开，

里面闪出一个身影，把匈奴人接了进去。

我一看着急了，深宅大院我怎么进去啊，如果不进去，岂不是前功尽弃？

急得我围着这个大宅子绕圈，也不知道绕了多少圈，当走到后门的时候，我突然感觉到我的腰被人抓住了，然后就觉得我被提起来，前后这么一晃悠，我就感到忽然之间腾空而起，像个毽子似的，被人扔进了大宅子。

幸亏我也练过几手，要不然非得被摔死不可。气得我嘴里想骂，可想想又得感谢人家，要不然我怎么能够进来呢！

2

蹑足潜踪，我往前院摸去。

没走几步，就听有脚步声。我赶紧躲在一棵大树后边，观察动静。

时间不长，有人提着灯笼在前引路，后边跟着一个权贵模样的人，正在跟那几个匈奴人说话。

幸亏当年在出使的路上，甘父教了我不少匈奴话，要不然可就麻烦了。

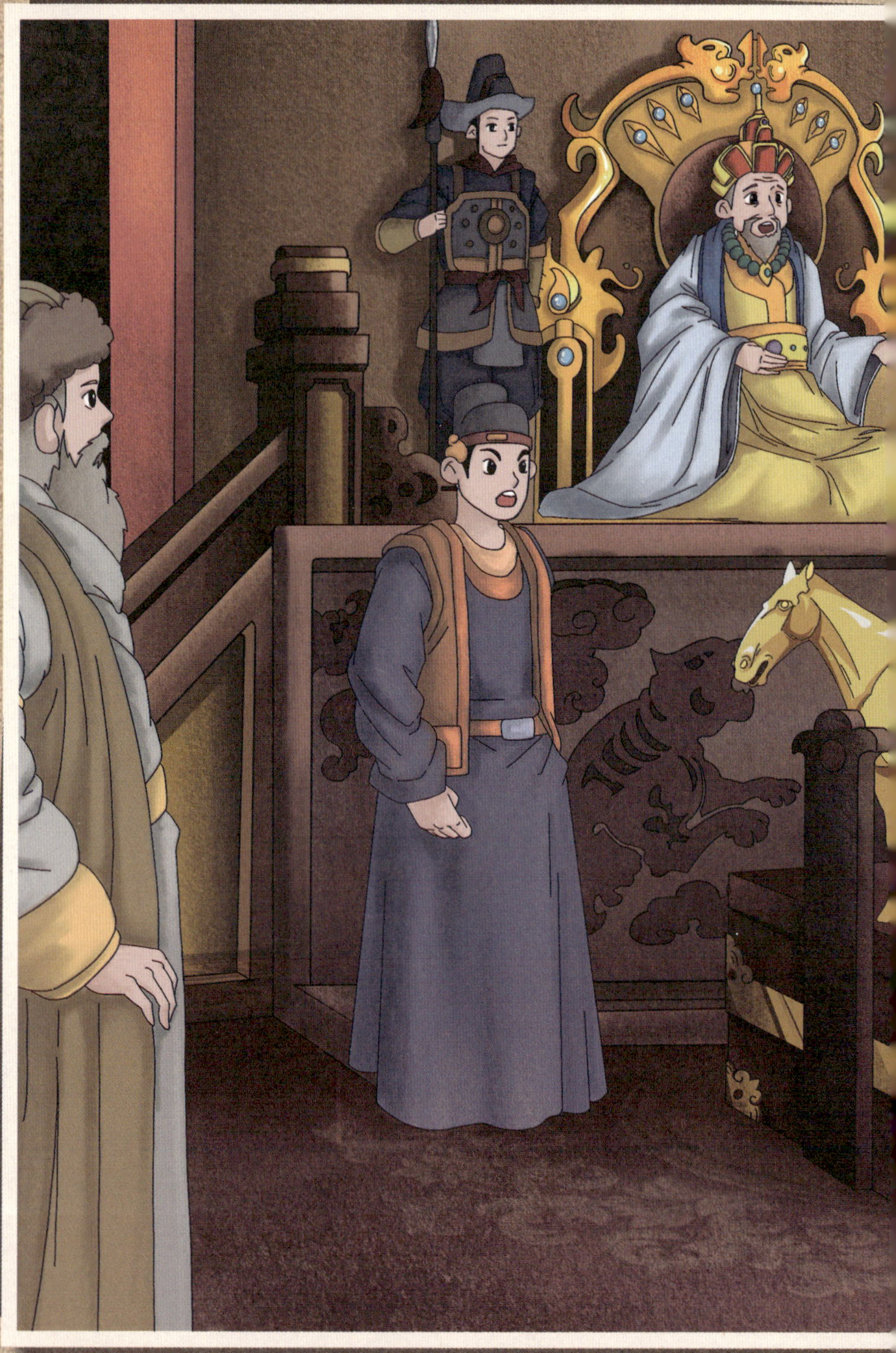

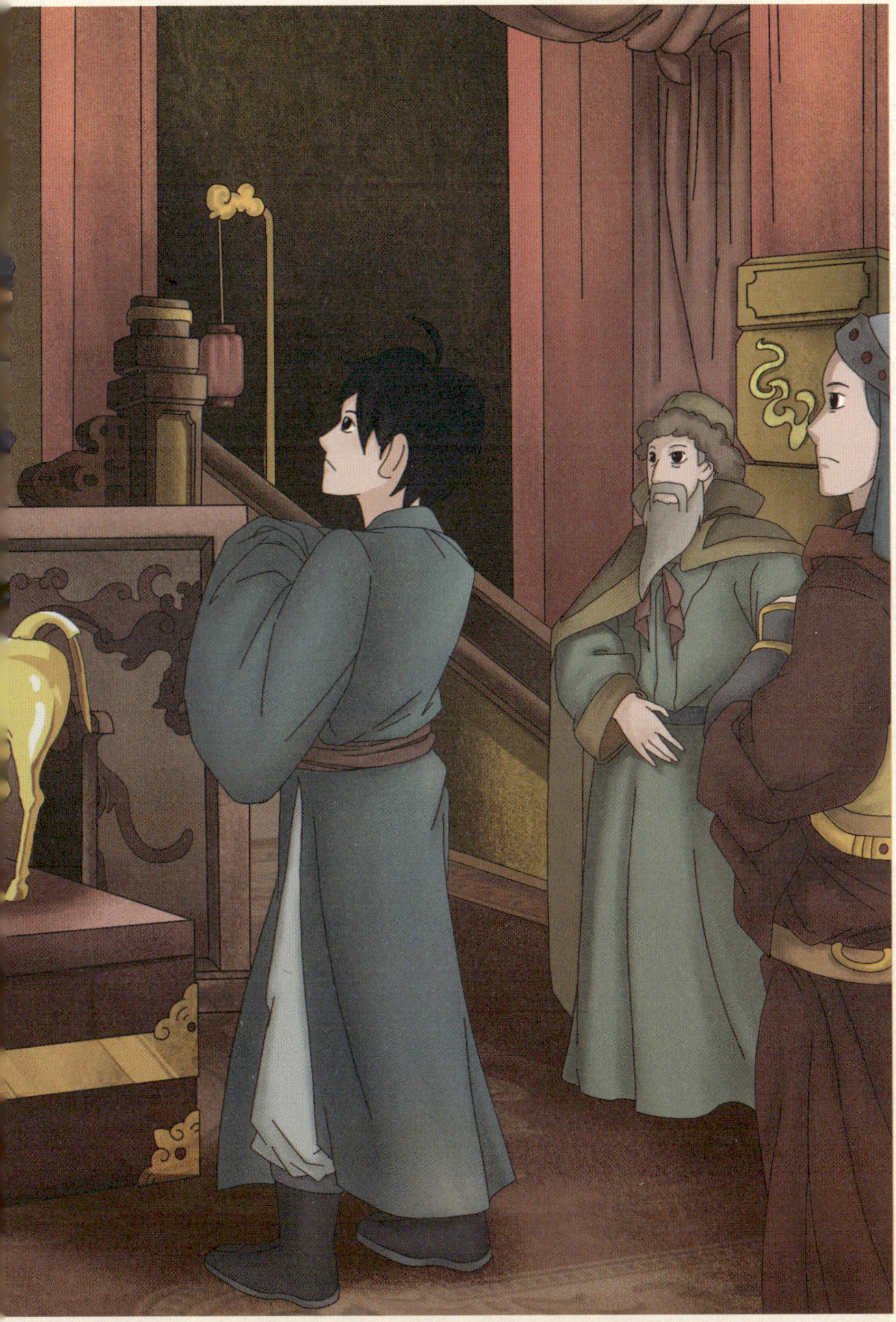

就听匈奴人恶狠狠地说:"反正,我大匈奴国绝不允许大宛人把汗血宝马送给汉朝人。"

那人为难地说:"我也不想,可是大王听信了汉朝使者的话,得知大汉朝珍宝遍地,有的是金银,想方设法地要通好呢。前些天还护送汉使去了康居,如果此时劝谏我王不给宝马,我王恐怕不会同意!"

匈奴人冷笑道:"我看,大宛王是忘了他怎么登上王位的了,你也忘了自己是如何当上这个副国主的,要不要我提醒你们一下?"

副国主战战兢兢地说:"不用!不用!我王和我本人对匈奴人的恩情从未敢忘!请贵使放心,我明天一早就进宫,向我王陈述不可与汉朝交好的道理,保证不让汗血宝马流入汉人之手!"

匈奴人冷酷地说:"这还差不多。不是我们威胁你,匈奴的铁骑随时都能杀到,别敬酒不吃吃罚酒,得罪我们,可是一点好下场也没有!"

这时候,府邸的后门打开了,副国主站在门口,送匈奴人出去,嘴里连连说:"贵使放心,贵使放心!"

匈奴人走后,副国主气得骂了几句,让人赶紧掩门,声称敢走漏消息,一定打死。

大宅子又恢复了寂静，可怜我一个人待在大树下，苦思出府良策。翻墙的话轻功不行，爬树的话树又太粗。急得我在树下直跺脚。

就在这个时候，不知道什么人又把我提起来，一使劲就把我扔到墙外边。等我从地上一骨碌爬起来的时候，那人踪迹不见。搞得我骂也不是，谢也不是。

回到客房，我无心入睡。趁着夜色，我又到大街上瞎溜达，一边溜达，一边苦思良策。

走到一条偏僻小路，忽有人轻声唤我。我循声望去，便见一个人隐在夜色树影中向我招手。我壮着胆子过去，一看是汉人面孔，心里便不那么紧张了。

那人问道："可是子六将军？"

我心道，什么将军不将军的，我都愁死了。问道："你是——？"

那人看看左右无人，道："我是汉使。这是符节，你看——"说着，递给我一块铜符。我仔细看过，果然是汉使，一下子让我觉得特别温暖，感觉终于来了帮手。

那人道："小人车令，奉了陛下差遣，给子六将军送来黄金千两，金马一尊，用来献给大宛国王，希望能有用。"

我心中大喜，道："我正愁明天无法去见那国王呢，有了金马，我倒可以一试！"

翌日，天刚蒙蒙亮，我就让人抬着金马到大宛王宫去。我寻思着我够早的了，谁承想，我上殿的时候，副国主已经赫然在列。

到了这种地步，我只能据理力争，为大汉争取最大的利益。

我让人把金马抬上殿，大声说道："我大汉天子听说大宛盛产名马，特命我等携带金马而来，希望用此金马交换两匹汗血宝马。若是大王答应交换，我等回汉朝后，另有宝物奉上！"

大宛王看着金殿上这匹金马，眼睛都直了，那贪婪的表情说明他心里对金马无比垂涎。

他走下王座，围着金马转了好几圈，嘴里发出赞许之声，眼看着就要下令允许交换了，突然副国主咳嗽了一声，生生让大宛王把已到嘴边的允许的话给咽了回去。

大宛王赌气地说:"大汉天子可笑!欺负我大宛国没有国宝吗?一匹小小的金马就想换我两匹汗血宝马,这如意算盘打得也太过了。汗血宝马只有我大宛有,那可是无价之宝,汉人还是死心吧,说下大天来,汗血宝马也不可入汉!"

我当即反驳道:"汗血宝马是大宛国国宝不假,价值连城也不是虚话,可是为什么每年给匈奴进贡上百匹?宝马不能入汉,却能入匈奴,我想问问这是为何?"

我没等大宛王回答,就直逼着副国主看:"这恐怕只有副国主的心里最清楚了!凡事隔墙有耳,做事不可太绝!"

3

副国主尴尬地说:"什么隔墙有耳?我堂堂的副国主,一人之下,万万人之上,我怕什么?我国跟匈奴世代是友好邦交,给他们几匹马还不是小事一桩,也值得你这么在意,可见大汉也不是什么大邦!"

大宛国王似有苦衷,但也不得不说:"我虽然仰慕大汉天子,想跟汉朝通好,可是你家天子也太小看人,这么一匹金马就想换回汗血宝马,未免小瞧我了!趁我还没有改变主

意,赶紧出宫,返回汉朝去吧。"

此时此刻,我知道多说无益,只好抬着金马出宫。

无法再待在贰师城了。我回到商社,结了账,收拾好行李,带着几名随从,匆匆出了城。

刚离城没多远,我们正行着,就看从城里飞也似的来了一哨人马。为首的是个武官,后边跟着几个骑兵。

我一看那几个骑兵,正是昨晚到访副国主府的匈奴人,现在又冒充大宛骑兵,来为难我们。

我心中起急,立刻吩咐随从赶紧把金马捶碎——大宛王看不上,我也不能便宜了匈奴人。

我们看着碎了一地的金马,泪水忍不住在眼眶里打转。

假扮大宛骑兵的匈奴人,看见我们捶碎了金马,怒不可遏,纷纷掣出家伙,打算把我们一举全歼。

我们岂肯束手待擒,拼了命也要反击这些恶毒的匈奴人。

双方展开混战。我们这些人都是养马的出身,除了我跟伯乐子明学过一招半式外,其他人武艺平平。很快,我们就被打得落花流水,我的随从尽皆死难。我浑身上下都受了伤,危在旦夕。

我被他们打下马,在沙砾中跟他们周旋。就像猫逗老鼠似的，他们骑在马上围着我转圈，一边转圈，一边无情地用马鞭抽我。我觉得自己就要死了。当时的情形真是叫天天不应，叫地地不灵。

也许上天有好生之德，正在我求生不得、求死不能的时候，只见那些匈奴人纷纷捂住脸，护住了眼睛，接着他们就龇牙咧嘴叫起疼来。

我在恍恍惚惚中看到一把一把的墨玉飞蝗石打在这些匈奴人的脸上、胸口、手腕和膝盖上，疼得他们叫苦不迭，惨叫"有鬼"，也顾不得抓我了，仓皇鼠窜。

这时候，从草丛里出来一人，把我救起，喂了几口水，道："子六，真是难为你了。为师来晚了！"

我一听是师父，眼泪唰唰直掉。"师父，大宛王和副国主都惧怕匈奴，汗血宝马的事难了！"

伯乐子明细心地帮我擦拭伤口，一边说："我都知道了，还是我送你进副国主府的呢！"

我忍住疼痛，心想，幸亏当初没有大骂出口，否则可就犯了不尊师之罪了。

我挣扎着站起，问道："师父，眼下该如何办？"

伯乐子明叹了口气，说："眼下只有逃回长安，说明情况，搬请汉军出师了！"

"大汉会出师吗?"我怀疑地问。

"一定会的。天子知道汗血宝马的重要性,一定不会等闲视之。汉朝最近打了几个胜仗,虽然很不容易,但总算有了个好的开头。听说幽影在战场上表现优异,受到了天子的嘉奖。天子把引入汗血宝马当成大事来办。你此去搬兵,定然成功。先礼后兵,我们也算仁至义尽了。"

我又问:"我去搬兵,师父您呢?"

伯乐子明把我扶上马,又给了我一个包袱,里面装满食物和水。他说:"我当然是留在大宛。汗血宝马一日不入汉,我也一日不离大宛!"

泪水充满了我的眼,我狠心催马,朝着大汉的方向奔驰而去。

第13章
戎马西征

①

第二次出使西域只用了四年光景,与第一次的十三年相比,简直是迅速得很了。

我前脚回到长安,后脚张骞也出使回来——不仅他回来了,还有乌孙国的使者也同道而来,同时还有几匹自从漠北战后难得一见的良马。

略略休整几天,武帝便召开了御前会议。可悲的是,此时霍去病将军已经英年早逝。大汉将星陨落,这于对匈作战来讲,是巨大的损失,但驱逐匈奴的大业不能停止。

会议在未央宫的大殿举行。朱雀铜炉散发出异香。天

子显然很兴奋，坐在御座上，忍不住摩拳擦掌。

我可是相马的能手，我一看这几匹马，就知道是不可多得的宝马。

我目不转睛地盯着马看。

天子开言道："子六，朕曾经用易经占卜，说是神马当从西北来，这几匹马可当的？"

我赞道："当的！当的！陛下，如果我没看错的话，这几匹马应该是乌孙国所产，日行千里，夜行八百，当之无愧的龙马！"

天子颔首，说道："子六好眼力！乌孙使者现在殿上，他们愿与汉朝通婚修好，送来几十匹马作为见面之礼。跟乌孙使者一道来的还有张骞。张骞，你把乌孙的情况简单跟子六说一下。"

张骞走来，握住我的手，激动地说："子六，贰师一别，一切都好吧！"

我的眼睛湿润了，道："张将军您辛苦了！"

张骞回忆往昔，无限感慨，说："乌孙国原是西域大国，怎奈发生内乱，一分为三。西域诸国受到匈奴钳制，敢怒不敢言，又听说汉朝富庶广大，都愿意通使交好，怎奈中途隔着匈奴。这次我带回来的这些使者，都是来和汉朝通好的。"

我攥紧拳头，说道："只有彻底赶走匈奴，汉朝和西域才能正常交往。要想打败匈奴，引入大宛的汗血宝马是必要手段，否则，战马上难以占据上风。"

天子眉毛一扬，问道："子六，这些新进贡来的马可否能迅速改良大汉马种？"

"能！但要想超过匈奴的战马还有所不足。我的恩师伯乐子明已经探访到汗血宝马的源头产地。在贰师城，我抬着金马幻想去交换汗血宝马，不想却遭到大宛国王和副国主的侮辱和驱逐，倒也怨不得他们，实在是匈奴人在幕后指使。"

我进一步言道："陛下，要想剪灭匈奴，首要在骑兵，骑兵之要在战马，战马之要在马种。大宛国盛产汗血宝马，若能被引入汉朝，改良汉马，何患不平匈奴？只是，大宛国万里之遥，兴师动众，容易虚劳无功。请陛下三思！"

天子拍案而起，厉声道："逐我特使，杀我使臣，隐匿良马，投降匈奴，哪一条都必须王师讨伐。现任命李广利为贰师将军，征调属国兵马六千铁骑，并各郡国的有罪少年，前去讨伐贰师城，给他们一些教训！"

以征讨的城池作为将军封号的做法，这在大汉朝还是头一回。李广利是天子宠妃李夫人的哥哥。天子想让他立功，就把征伐大宛的大事交给他去办。

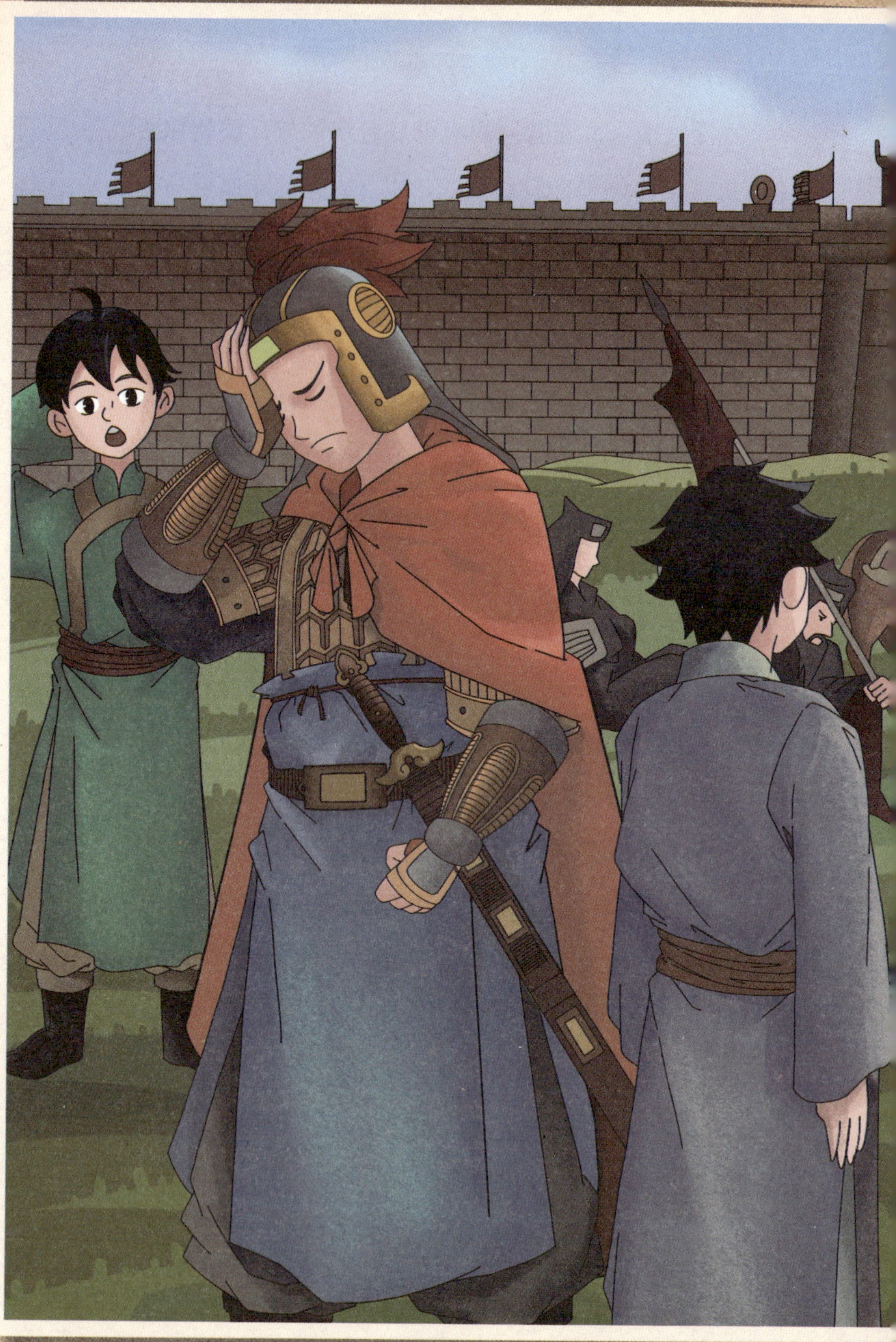

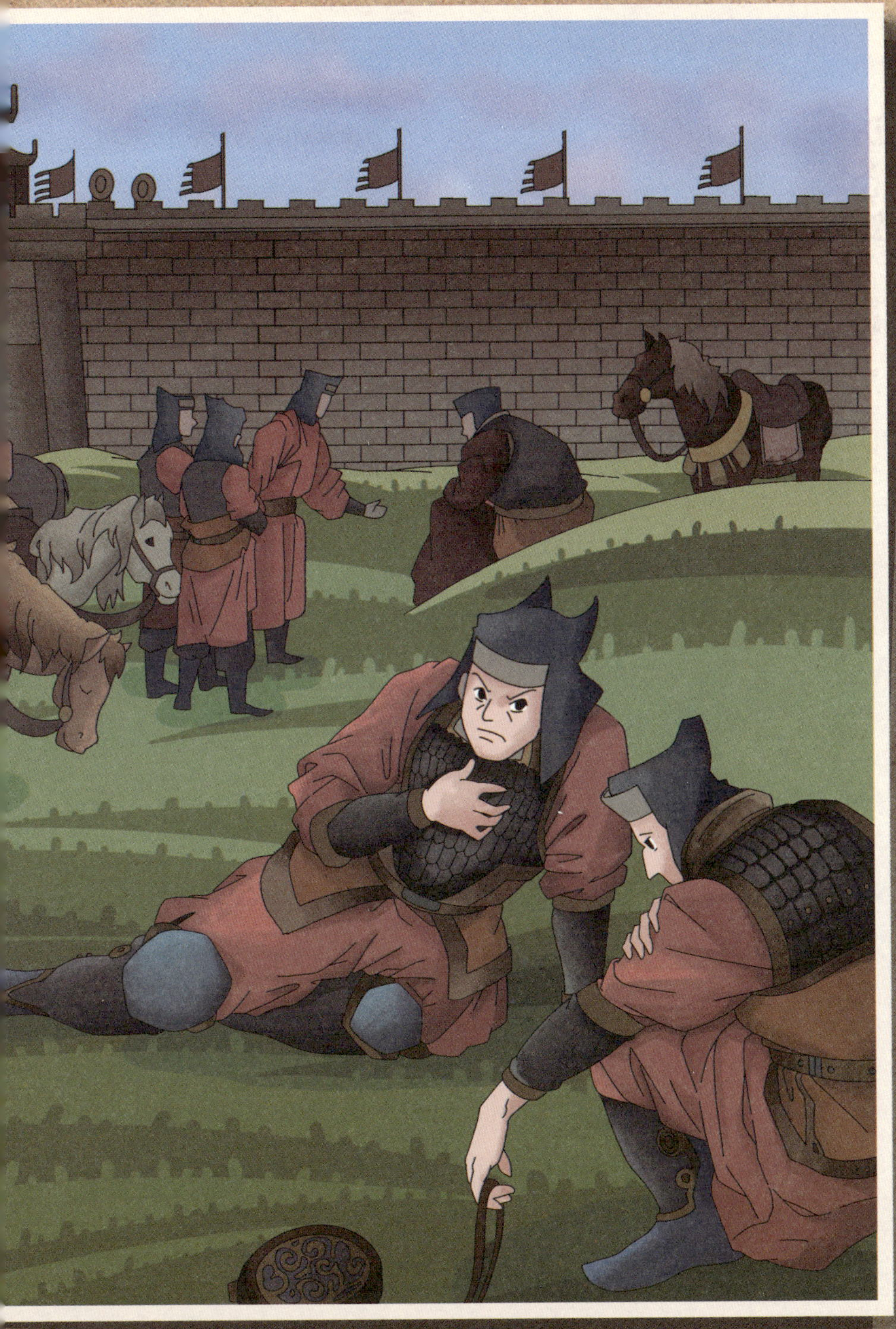

天子最后说道:"子六跟随张骞出使西域有功,在大宛国周旋不易,现加封为博远侯,参赞贰师将军进兵事务!"

2

太初元年,贰师将军领兵西征。

大军开拔之前,天子又传来旨意:以博远侯子六、太仆丞子满为执驱校尉,专门负责城破之后的选马事宜。

这里需要说明一下,执驱校尉并非西汉常设官职,而是专门为这次征伐大宛而设的,就是考虑到如果得以引进汗血宝马的后续事宜。汗血宝马极其不易被驯服,没有懂马的人在,不可能将马从大宛带回长安。

太仆丞是子满的官职,他因养马养得好,从一个基层养马人已经跃升为全国养马总司令的副手。太仆为九卿之一,负责全国的马政,而太仆丞是其副手。又因子满善养马,又让他侧重于在御马苑培育马种。

大军浩浩荡荡西行,很快过了盐泽。

盐泽就是现代所称的罗布泊。我可以负责任地说,我在跟随贰师将军征伐大宛的时候,亲眼见到罗布泊水源充足,水草肥美,是养马放牧的绝佳之地。没想到两千年后的今天，罗布泊已经成为一片沙海。

过了盐泽就进入了西域地界。这一路西去，沿途有几十个小国，有的国家只有一座城池。这些小国看到汉军铺天盖地而来，吓得城门紧闭，不敢出来。

正因为如此，汉军遭遇了出兵后的第一个麻烦。

贰师将军急于建功立业，仓促出兵，后勤准备不足，尤其是军粮严重缺乏，只能依靠沿途各国的供给。但各国因担心被汉军灭国，因此坚壁清野，不肯提供粮草。汉军攻城又要耗费兵力粮草，若攻下来还好说，可以进行补给，若是攻不下来，只能再辗转下一城。

因此，等到汉军到达大宛国的边界时，所剩不过数千人，而且人困马乏，战斗力大减。这样的士兵客场作战，如何能胜？刚跟大宛国军交锋，便败下阵来。

李广利本来就谋略平平，上来就吃了败仗，因此一下子气馁了，一心想着退兵。

我跟子满官微言轻，无法劝说。但我们内心是坚决反对撤兵的，甚至想到，即便是贰师将军撤兵了，我们也不撤，而且要千方百计地混进贰师城，跟恩师会合，然后再思良策。

敌方奸细在军中散布流言："边界小城尚且攻打不下，

作为一国之都的贰师城一定防范更严，攻起来更费劲！"

李广利随即指挥撤兵。劳师动众，万里出征，结果不战而退，太把征伐儿戏了。

我跟子满，还有几队不想撤兵的汉军偷偷留了下来。

我把这些人混编成一个战斗小队，然后想方设法弄了几套大宛人的衣服，乔装改扮好了，打算趁机潜入贰师城。

一天黄昏，阳光渐渐在山后隐去，浓浓的暮色从天边升起，渐渐地笼罩大地。我们都准备好了，开始在渐浓的夜色中越过城外的大河。刚到了河对岸，对面飞驰而来一匹快马。我们潜伏好。等马到了近前，我才辨认清楚，马上之人非是别人，正是我的恩师伯乐子明。

我跟子满赶紧到马前见礼。

伯乐子明摆手道："不必拘礼了。当下取马才是要紧事。贰师将军虽然撤兵，可已然惊动了贰师城，汗血宝马的产地被重兵把守，想要攻取，难上加难！"

"师父，难道大宛

五星出东方织锦护臂

　　汉代织锦护臂，为国家一级文物，中国首批禁止出国（境）展览文物。被誉为20世纪中国考古学最伟大的发现之一。1995年10月，中日尼雅遗址学术考察队成员在新疆和田地区民丰县尼雅遗址一处古墓中发现该织锦。

　　该织锦呈圆角长方形，长18.5厘米，宽12.5厘米，用"五星出东方利中国"织锦为面料，边上用白绢绲边，两个长边上各缝缀有3条长约21厘米、宽1.5厘米的白色绢带，其中3条残断。织有8个篆体汉字："五星出东方利中国"。

　　现藏于新疆博物馆。

真想跟大汉作对吗？"

"它倒不想作对，可匈奴人能答应吗？匈奴人已派遣了军马帮忙守城来了。可笑大汉的贰师将军，竟然连贰师城的城边都没摸到，就撤兵了，真是滑天下之大稽！"

子满着急道："那怎么办呀？"

伯乐子明恨恨地说道："没办法！问题出在大宛高层，不把亲匈奴的高层除掉，强兵去攻也没益处。搞不好，他们跟咱们来个'宁为玉碎，不为瓦全'，把汗血宝马都杀了，也不给汉朝，我们又能怎么办？"

我们都感到一阵悲愤。

3

子满一阵冷笑："非常之时行非常之事，不入虎穴，焉得虎子？"

这两句话搞得我们几个人一头雾水。

"子满，你什么意思？"我替大家问了一句。

子满沉吟道："我想大宛高层并非铁板一块。有亲匈奴的，也有亲大汉的。我们干脆一不做二不休，把那些亲匈奴的人刺杀了，让亲大汉的人掌权，不就解了燃眉之急了吗?"

我揶揄道:"亏你想得出,也不想想谁是亲匈奴的!大宛国王和副国主是亲匈奴的,我亲眼所见,他们在匈奴使者面前唯唯诺诺,言听计从。刺杀他们两个吗?大宛一个国家,就数这两个人权位高,我们怎么会有机会下手呢?简直是异想天开!"

子满被我这么一说,顿时就像霜打的茄子一般,蔫了。

伯乐子明眼睛一亮,道:"子六不必质疑,子满不必气馁。为师看来,子满之法大大可行!"

子满顿时把头扬起来,用鄙夷的目光看我,似乎在说:小样,师父是站在我这边的,你焉敢质疑?

伯乐子明捋了捋长髯道:"据我所知,大宛的高官都称贵人,大多数贵人还是愿意跟汉朝交好的,只有大宛王和副国主几个人受制于匈奴,不敢跟匈奴决裂。我们如果想法结交亲大汉的贵人,然后趁机刺杀大宛王和副国主,再派人通知汉军来做后盾,匈奴人不敢轻易进兵,亲大汉的贵人必然掌权,那时候事情或有转机。"

我还是觉得风险太大,刺杀哪有那么容易?就说:"师父所说都是往好处想,万一不成呢,你们想过没有?万一刺杀不成,反被拿下,岂不是坚定了他们亲匈奴的信心?事情反而越发难办?"

子满凄然一笑:"咱们都是养马的,马要病死了,我们都会说一句话,死马当作活马医,现今我们的处境,还不是一样?"

伯乐子明拍了拍我的肩膀,道:"子六,乐观一点,没准我们就成了呢?即便是不成,为国捐躯,也不算枉活!"

既然这么说,我也无话可说,反正大家拧成一股绳,一起干就是了。谋事在人,成事在天。

当下即做分工。先派一人潜回长安,把我们的计划告诉天子;另派一人到敦煌去联络贰师将军,说服他随时策应;我跟师父伯乐子明负责行刺。子满居间联络、协同。

我跟师父进了城,依旧住在之前的商社里。白天只在商社里饮酒,打探消息。

有一天,有几个豪奴进来喝酒,趾高气扬,颐指气使。老板不敢怠慢,把商社最好的位置留给了他们。他们狂饮葡萄酒,很快喝晕了,嘴里零零碎碎冒出一些词汇来:"副国主""阿哈尔""匈奴将军",本来大宛语言就不好懂,加上他们又喝多了酒,说话跟舌头被绑住了似的,断断续续、啰里啰唆的,让人听了丈二和尚摸不着头脑。

我跟子明师父对视了一下,觉得大有蹊跷。尤其是子明师父，当他听说"阿哈尔"这个词的时候，眼睛突然亮了一下。

他起身从那群豪奴边上过，假装不小心，把酒洒到其中一个豪奴的衣服上，然后忙用手去擦拭，嘴里不住致歉："哎呀，实在对不起，老朽多饮了几杯，着实醉了，该死，该死！"

那豪奴一见衣服脏了，当时火冒三丈，起身举手就是一个耳光，正打在子明师父的脸上。子明师父一个趔趄，跌倒在地。那豪奴骂骂咧咧，厉声道："该死的老乞丐，弄脏了我的衣服，耽误我明天去阿哈尔，我要你的老命！"

子明师父不断地说好话，商社老板也过来劝，这才消了气。

我趁势将师父扶起来，然后匆匆离开了商社。

第14章
天马入汉

①

阿哈尔是一个绿洲的名字，为什么伯乐子明一听到这个名字就眼睛一亮呢？因为这么多年来，他一直关注着这个地方——这里是汗血宝马的原产地，也是大宛国最大的皇家牧场所在。

伯乐子明从豪奴的酒话里断定，大宛国的副国主要跟匈奴的一位将军在阿哈尔马场秘密会见，不是为了汗血宝马的事，就是为了共同抵抗汉朝的事，不管是哪一件，都与我们即将展开的行动息息相关。

伯乐子明虽然被扇了耳光，却非常欣慰能够得到这样的情报。

我们当晚没有睡觉,而是趁着夜色,埋伏在了通往阿哈尔的路上。

大路从一片戈壁中穿过,植被稀少,随处可见砖头大小的瓦砾。偶尔也有几块大石头,突兀地陈列在戈壁上,黑黢黢中像一团怪兽。

我们一人找了一块巨石,藏住身形。

果然,副国主怕白天行事不便,在东方刚刚有一丝白的时候,就在一干豪奴的簇拥下,向阿哈尔马场疾驰而去。

正在赶路,忽然从一块石头后面跳出一个人来,黑暗中也看不到形容,拦在路中央,厉声说道:"好你们几个豪奴,吃醉了酒,赏了人家耳光,就想趁天黑溜走吗?还不下马受死!"

那些豪奴听了大骇,举出兵器,就要包抄上来。

可是,没等他们动身呢,他们的脸上、鼻子上、额头上,就火烧火燎地疼起来,他们忙去捂脸,有的豪奴还喊了一声:"是石子!"

对面那人说:"不错,你们正是中了我的墨玉飞蝗石,有本事过来打斗!"

那些豪奴都是年轻气盛的,哪里咽得下这口气,呼啦一声都冲到前面。

副国主刚要制止,我从巨石后面跳出,飞也似的凌空射到他面前,手起剑落,将他人头砍下。

那些豪奴一心要对付伯乐子明,对于刚才"骨碌"一声什么东西掉地没有在意。

我停顿了一下,猫腰拾起副国主的头颅,打了一个呼哨,飞身上马向贰师城奔去。

伯乐子明知道我得手了,就从百宝囊里抓了一把石子,用劲打在那些豪奴的身上、脸上、胸口上。只听"哎哟"之声不断,"哇呀"之声连连,等他们缓过神来,我们已然消失在夜幕之中。

当黎明到来的时候,我们已然翻墙进入了一位贵人的府邸。这位贵人名叫昧蔡,是大宛国中最仰慕汉朝的贵族高官,他十分不满大宛王和副国主投降匈奴的政策,但他没有兵权,更多的时候是敢怒不敢言。

昧蔡刚从床上起来,正准备用早饭。饭菜已摆好,奶酒、葡萄酒、茶饮、牛肉、羊肉,以及新鲜水果,应有尽有，十分丰盛。他刚要吃，忽然从空中血淋淋扔下一个人头来。人头在桌子上直滚，吓得昧蔡魂飞魄散。

他颤颤巍巍细看那人头，看出竟然是自己最大的政敌副国主的头颅。一时之间，昧蔡又骇又喜。朝着窗外问道："何方英雄，烦请进厅一叙！"

我跟子明师父飘然而进，指了指人头，说道："贵人，我们是汉朝的使者，何去何从，您拿个主意吧！"

昧蔡惊魂甫定，说话还有些颤抖，但看得出来，他并不是胆小怕事之人。他说："二位明天随我入宫，相机行事！"

2

第二天是大宛国王举行朝会的日子。贰师城的所有贵人都要参加。

天刚蒙蒙亮，昧蔡就带着我跟子明师父进宫。贵人相继都到齐了。略等了一些时间，大宛王也上殿，端坐在御座上。

大宛国王扫视群臣，发现少了一人，就问："副国主何在？"

大家一看，可不是嘛，少了副国主，以前副国主上朝最

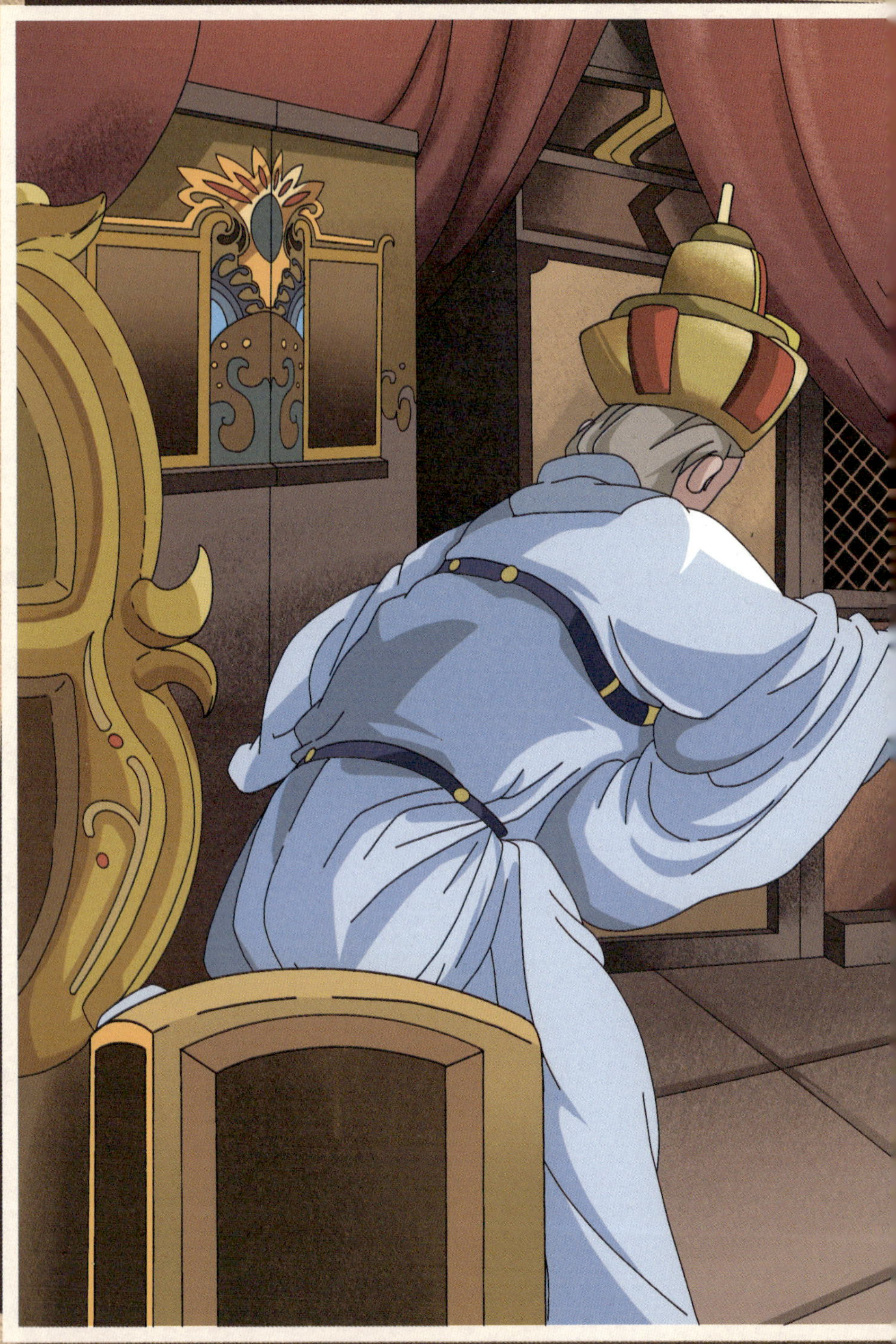

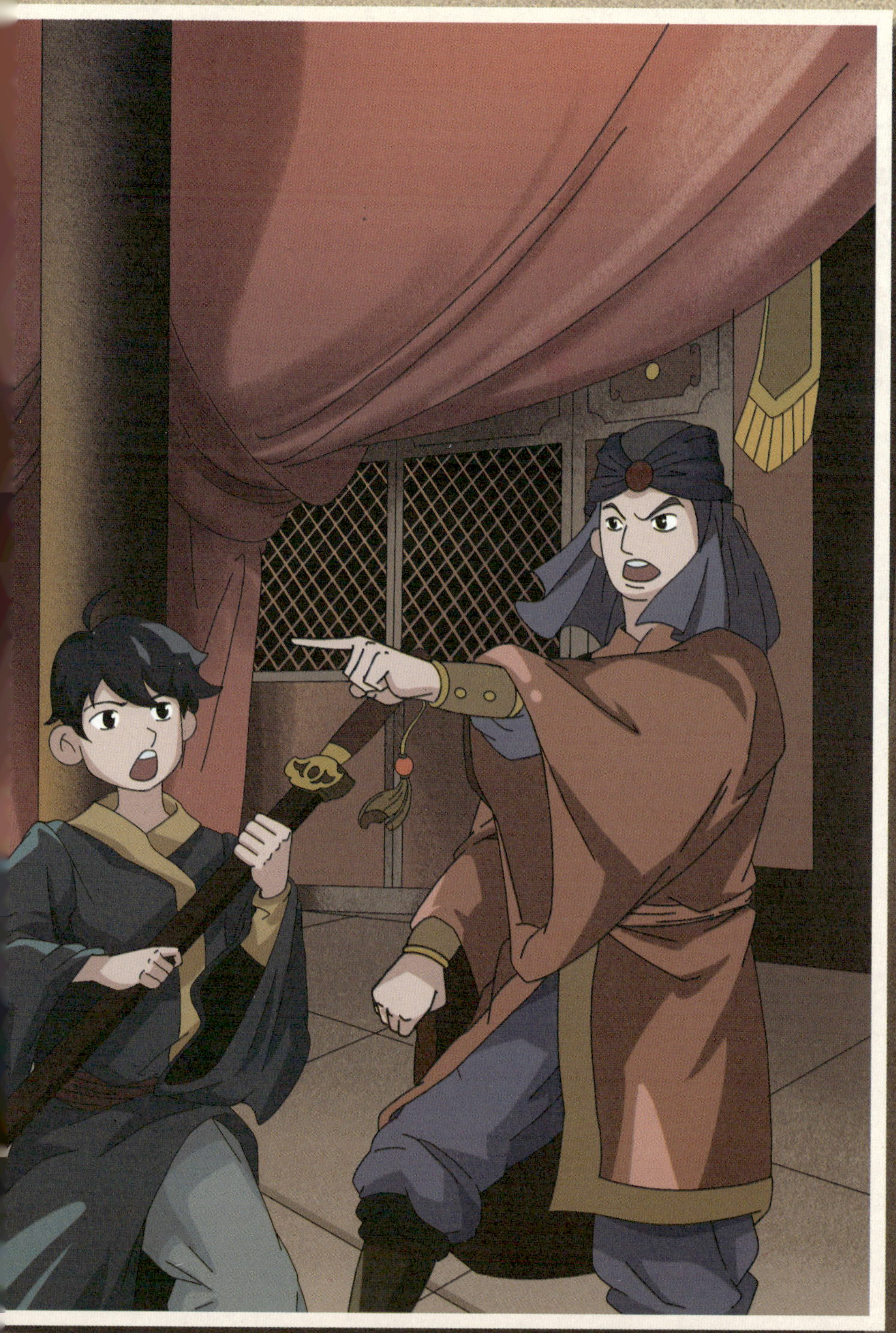

积极了，从来没迟到过。

正在大家猜疑的时候，有卫士上殿来报："副国主家臣来报，副国主遇刺身亡，身首异处！刺客在逃。"

此话一落地，在场之人除了我们三个，无不惊骇。

大宛王大惊失色，差点没哭出来，哭丧着脸道："副国主身负重任，怎么在这个时候被人刺死？快点传下旨去，关闭城门，捉拿刺客！"

昧蔡挺身而出，厉声道："昏王，不用捉了，你看这是什么？"

他把一个硬邦邦的包袱摔在地上，从里面滚出一颗人头来。大宛王一看正是副国主的头颅，惊恐失色，望着昧蔡，声音宛如筛糠一般，说道："贵人，你意欲何为？"

昧蔡上前，抓住大宛王的袖子，厉声道："我要你跟匈奴决裂，跟大汉交好，献出宝马，消弭战争！"

大宛王故作镇静，斥道："昧蔡，你这是要造反吗？大宛与匈奴世代友好，这是国策，岂能擅改？你私通汉使，罪在不赦。擅杀国臣，罪加一等；威胁国主，满门当斩。你好大胆！"

那些贵人都心怀忐忑，不知道该如何是好，有些老贵人说道："昧蔡贵人，切不可伤了国主！"

开弓没有回头箭,事情已然到了这种地步,还有什么好犹豫的,我高声喊道:"昧蔡贵人,当断则断,不受其乱。当断不断,反受其乱。您还犹豫什么?"

说着,我把宝剑递到了昧蔡手中。

昧蔡接过宝剑,牙一咬,心一横,手起剑落,把大宛国王斩于剑下。

殿上顿时大乱,卫士冲进来,把大殿封锁住。有几位贵人聚在一起,詈骂昧蔡:"乱臣贼子,向汉朝邀功吗?杀死我主,罪该万死!"

也有几个贵人站到了昧蔡身后,回击道:"国主无道,是不折不扣的匈奴傀儡。我国受尽匈奴欺凌,敢怒不敢言,毫无尊严可言。今天贵人昧蔡替天行罚,无异于再造大宛,重振名邦,何罪之有!我们支持昧蔡当国主,支持跟大汉交好!"

正乱着,有卫士上殿报告:"有汉军切断贰师城水源,城内用水告罄!"

贵人们都纳闷,贰师城外什么时候来了汉军?

他们哪里知道,我们斩了副国主人头,就通知了子满,让他在城外切断水源,逼迫贵人们就范。

本来大宛国内对战争就充满了恐惧,上次贰师将军虽

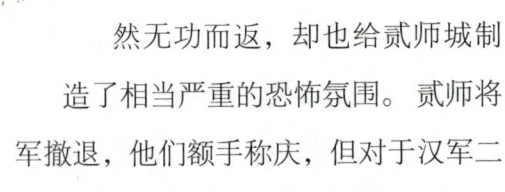

然无功而返,却也给贰师城制造了相当严重的恐怖氛围。贰师将军撤退,他们额手称庆,但对于汉军二次来犯的可能充满了担忧。

果然,切断水源的消息刚传来,就有贵人态度软化下来,询问昧蔡:"汉朝打算跟大宛交好,可切断水源难道是友好的表现?"

昧蔡切齿道:"汉朝是要交好,怎奈有你们这些不识时务的人!实话告诉你们吧,汉朝连匈奴都要攻灭呢,遑论小小的大宛了!"

有几位贵人思想松动,也站到了昧蔡这一边。

③

就在大宛剑拔弩张的时候,汉军也出现了新的动向。

原来,李广利退兵后,在归途向天子上书,说:"道路遥远,经常缺乏食物,士卒不怕打仗,只忧虑挨饿。人少,

西汉错金银铜弩机

弩机高12.5厘米，郭长11.1厘米，宽2.8厘米；望山高2.2厘米，宽1.8厘米；牙高1.1厘米，键长5.5厘米，键径1.5厘米；箭槽长8.9厘米，宽1.4厘米。弩机露于木拊之外均施错金银装饰：望山上五组，分别为蛇形龙纹、凤纹、金蛇纹、奔兽纹、飞鹤纹；双牙上两组，外侧面为一对奔鹿，正面为一对灵鹤；牙下转轮上为两只飞雁；键两端两组，一为白虎和朱雀，另一为奔鹿和奔兽。

现藏于南京博物院。

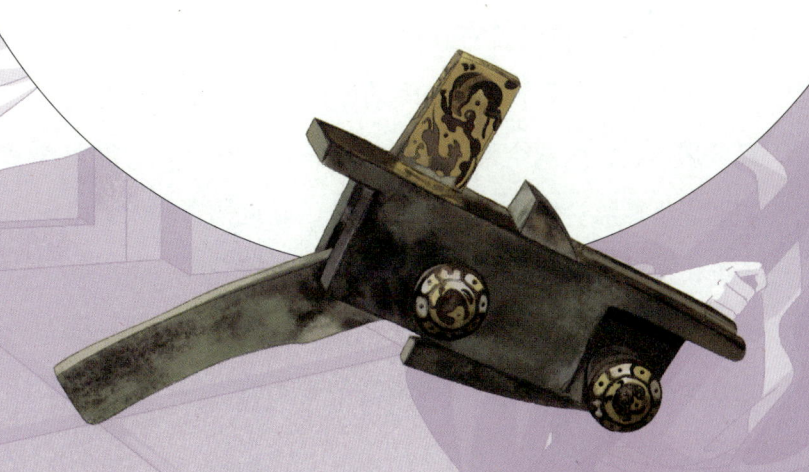

不足以攻取大宛。希望暂时收兵。将来多派军队再前去讨伐。"

天子得书后，大怒，派使者把贰师将军的部队阻止在玉门关外，说军队中有胆敢进入玉门关的就杀头。贰师将军害怕，于是就留在敦煌。

后来，天子收到我们在大宛采取行动的口信，又把攻打大宛的事情提上日程。而且，天子认为如果连个小小的大宛都收服不了，不但梦寐以求的宝马难以引入，也会让西域其他国家耻笑。

于是，天子下诏，一年多的时间里就有六万士兵从敦煌出发，这还不包括那些自带衣食随军参战的人。

这些士兵携带着十万头牛、三万多匹马，还有无数的驴、骆驼等物。还带了很多粮草，各种兵器都很齐备。当时全国骚动，相传奉命征伐大宛的校尉共有五十余人。

天子还增派了十八万甲兵，戍守在酒泉、张掖以北，并设置居延、休屠两个县以护卫酒泉。后来还调发全国七种犯罪之人，载运干粮供应贰师将军。转运物资的人员络绎不绝，直到敦煌。

汉武帝用这些行为表明，大宛国与汗血宝马都是汉朝志在必得之物，谁打退堂鼓或者畏缩不前，都将受到严重惩罚。

贰师将军很快行军到贰师城外。城门之下，汉军旗帜不可胜数，在风中猎猎招展，气势很盛。城内的贵人们先就气馁了，一片降声，都要求昧蔡主动去跟汉军求和。

偏有一两个不怕死的武将要跟贰师将军一决高低。主战派将军贵人煎靡——就是此人，在副国主死后坚决抵制昧蔡的亲汉政策——亲自出战，在城外摆开战场，跟汉军交战。结果被俘，被汉军绑在城外的高杆上示众，威慑贰师城内的亲匈奴派。

大宛王廷之上，两派的争吵还在继续，不过风头已经转到亲汉派这边。

有位贵人说："汉朝之所以攻打大宛，是因为大宛国王藏匿良马不肯献出，而且又联合匈奴人杀了汉使。这个仇汉朝人岂有不报的？如今大宛国王已死，要是我们主动献出汗血宝马，或许汉军就退兵了，两家重归于好。若是献出宝马，汉军仍不退兵，就说明他们交好是假，灭国是真。那时候再跟他们血战到底，也不晚。"

包含昧蔡在内的贵人们都认为此话合理，于是就选昧蔡为代表，携带着大宛国主的人头去汉营讲和。

我们保护着昧蔡来到汉营。

昧蔡不卑不亢，说道："汉军不要进攻我们，我们把良马全部交出，任凭你们挑选，并供应汉军饮食。如果你们不接受我们的要求，我们就把良马全杀死，而康居的援兵也将到来。如果他们的军队赶到了，我们的军队在城里，康居的军队在城外，两面夹击同汉兵作战，汉兵两面受敌，还有胜算吗？希望汉军仔细考虑！"

昧蔡说的倒也不是瞎话。此时康居国应大宛国的请求前来帮忙，其侦察兵在窥视汉军的情况，只不过因为汉军强大，他们不敢进攻。

我跟子明师父都劝贰师将军："我们讨伐大宛国主要还是为了震慑匈奴，没必要闹得两败俱伤。一个亲汉的大宛国，可比一个灭亡的大宛国，对汉朝有利。"

贰师将军深以为然，便答应了昧蔡的要求。

最终，大宛让我跟子满带领一队汉军到阿哈尔去选马。我跟子满精挑细选了几百匹汗血宝马中的上上品，公母参半，又选了中等的公马、母马各三千匹，然后贰师将军抽调了上万汉军专门护送这些宝马入汉。

选好马后，贰师将军又立昧蔡为大宛国主，跟他订立了友好盟约，汉军才从贰师城撤兵。

贰师一役，数千匹汗血宝马入汉。

这些珍贵的马匹被分散到首都长安和河西走廊的马苑中，分别进行大规模的拣选、育种和培育。新的马种出来后，再进行挑选，按不同的等级制订个性化的养殖和训练方案。

我跟子满坐镇长安上林苑的御马苑，挑选了特级汗血宝马牡牝各一千匹，特级汉马牡牝各一千匹，另外有乌孙、康居等国进贡良马牡牝各五百匹，匈奴、南羌等俘虏军马牡牝共五百匹，共计六千匹马中的神品、骏品，进行战略繁殖。

伴随着马匹的繁殖，高质量的驯马也随即展开。朝廷责成我跟子满开授驯马培训班，从丞、郎、衙、令等各级官僚中考选干练人员，组织学习驯马技术，以使战马快速形成战斗力。

可以说就在匈奴以为汉军永远在骑兵上无法超越他们的时候，汉军的骑兵已经获得了突飞猛进的进步。尤其是汗血宝马的新鲜血液注入汉马血统时，汉军骑兵的作战能力发生了质的飞跃。

大汉朝，上到天子，下

到普通百姓，无论是朝廷、民间，还是军中，都洋溢着一股彻底反击匈奴、开疆拓土的振奋精神。

虽然汉武帝有生之年，并没有见到匈奴被彻底驱逐的场景，但经过他的经营和部署，汉朝的马政焕发了新的朝气，补充了新的血液，国力在他死后也逐渐恢复，以至于到了公元前36年的时候，大将陈汤发出了"明犯强汉者，虽远必诛"的时代强音，率领汉军和属国兵马四万，完成了一次对匈奴致命性的打击，而后匈奴西遁，再也无法对汉朝造成威胁。

到了东汉时期，大将军窦宪、耿秉深入瀚海沙漠，大破匈奴于燕然山。匈奴八十一部率众降者，前后二十余万人，彻底解决汉朝历时三百年之久的匈奴之患。

这些都跟汉朝实施可持续的马政、积极地改良马种、改良作战方式、改善作战武器有着莫大的关系。

第15章

尾 声

茂陵，是大汉天子刘彻的陵墓，在古代，要不紧不慢地进行帝陵的修造，等天子要驾崩的时候，才能宣告竣工。

如今在帝陵之侧，正在修造另一个功臣的陵墓。这种万世殊荣，在几千年的历史长河中，并不多见。

天子决定把这位功臣的陵墓修成祁连山的模样，以纪念这位功臣深入敌境、剿灭匈奴的赫赫战功。

不错，这位功臣就是霍去病大将军。

霍大将军十八从军，二十四病逝，从戎六载，建立奇功，可谓旷古绝今。可惜英年早逝，天子痛悼，只恨祁连山根深，要不然就是把整座山移过来做霍将军的坟冢，天子也在所不惜。

不仅如此，天子还敕令大汉朝一流的能工巧匠，为霍大将军雕刻了马踏匈奴的石像，作为反击匈奴不世之功的永久纪念。

石卧牛

　　石卧牛长2.60米，宽1.60米。躯体健硕，意态祥和。当时的雕刻家刀法简洁明了，依照原石的大体形状，整件石刻粗中有细，或圆雕，或线刻，或轻凿点缀，一件形神兼备的石刻卧牛就展现在人们的眼前，雕刻家运用简单的工具，发挥高超的技术，将牛脖上褶皱刻画得细腻形象，十分传神。

　　现藏于茂陵博物馆。

马踏匈奴石雕

西汉马踏匈奴石雕整体高1.68米，长1.90米。石刻中的马骨架匀称，肌肉结实，躯体剽悍肥壮，腿筋劲健，蹄足抓地，一只前蹄把一个匈奴士兵踏倒在地。匈奴人仰卧于地上，左手握弓，右手持箭，双腿蜷曲做狼狈挣扎状，须发蓬松零乱。

西汉马踏匈奴石雕为国宝级文物，是霍去病墓石雕群中纪念与象征意义较强的作品。

现藏于茂陵博物馆。

那石马的原型就是紫电。紫电在霍去病去世后,变得郁郁寡欢,不吃不喝,苦挨了几天的光景,就追随霍大将军而去。

石雕中,紫电骨架匀称,肌肉结实,躯体剽悍肥壮,腿筋劲健,蹄足抓地,一只前蹄把一个匈奴士兵踏倒在地。匈奴人仰卧地上,左手握弓,右手持箭,双腿蜷曲做狼狈挣扎状,须发蓬松零乱。

除了马踏匈奴的石雕,还有一尊石卧牛,与之相伴。

这尊躯体健硕的石牛,被塑造得非常雄大,意态安详和谐,它圆睁着眼睛,硕大的耳朵,喘息的鼻孔,嘴角上扬回眸一笑,牛脖上褶皱刻画得细腻形象,十分传神,这是牛吃饱后反刍的现象。

为什么会有一尊石牛的雕像,至今仍然是个谜。

十一年后,卫青逝世。

天子为了纪念这位曾经叱咤战场的一代名将,特意下令将他的陵墓修在自己陵墓的另一侧。坟冢的样子是按照阴山的模样修筑的。

我跟子满的心愿就是要到两位旷世将才的陵墓去看一看。

我们到了茂陵,双手摩挲着马踏匈奴的雕像,感觉到细微的石头颗粒通过手掌的纹路连通到我们的内心。

子满仿佛感觉到自己又一次骑到紫电的马背上,越过翻滚的大河，在凌乱的晨星和浪花中将它驯服。

我也仿佛看见龙友越过马厩的栏杆，跑到河边跟野马谈起了恋爱……

在供后人祭祀的配殿内，天子特许配置了长信宫灯样式的长明灯，以及宫廷样式的错金银朱雀熏炉。油灯明光耀眼，熏炉里燃着万古不灭的异香。灯影炉香，诉说着两位名垂青史的大将军曾建立了何等光耀天地的功绩。

后来，天子也死了。说起来，茂陵前前后后修建了五十三年。陪葬墓有李夫人、卫青、霍去病、霍光、金日磾等人的墓葬。其中，李夫人是天子的宠妃，也是贰师将军李广利的妹妹；霍光和金日磾是汉武帝托孤的重臣。尤其是金日磾还是跟我们一样的养马出身呢。

他原是匈奴的王子，被俘后在长安养马，多次跟我们讨论过驯马的技巧，结下了深厚的友谊。后来，天子在长安检阅战马时，他牵着马在人群中走过，目不斜视，马不乱行，人马整肃有序，获得天子的青睐，从一介马夫一跃成为天子的侍中，后来参赞机务，成为天子的托孤重臣。

英雄的时代，造就了绝代风云，就连死后的坟墓，也是英雄聚首，以另一种形式延续着永不磨灭的英雄梦幻。

这时候，我却想到李白的一首诗：

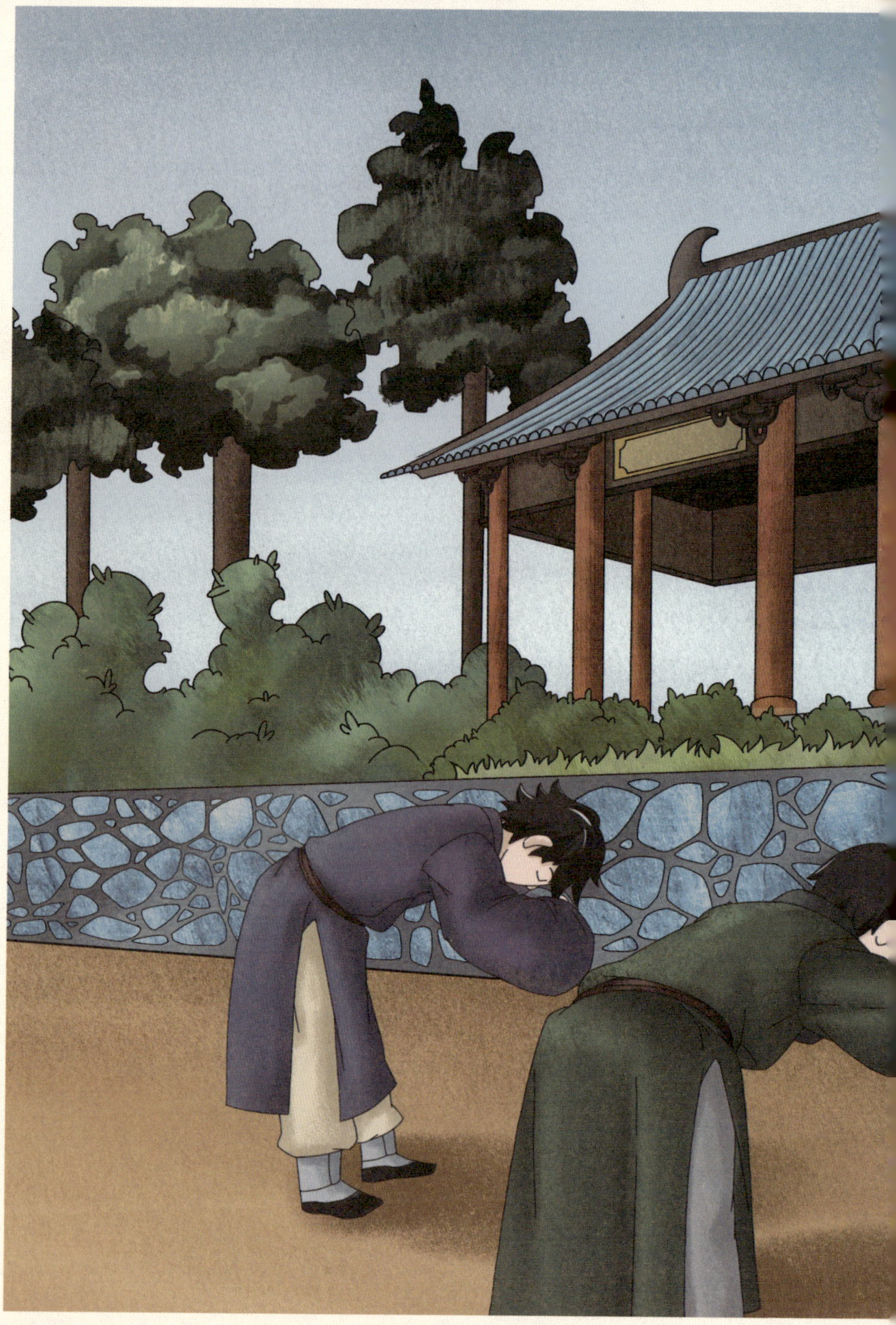

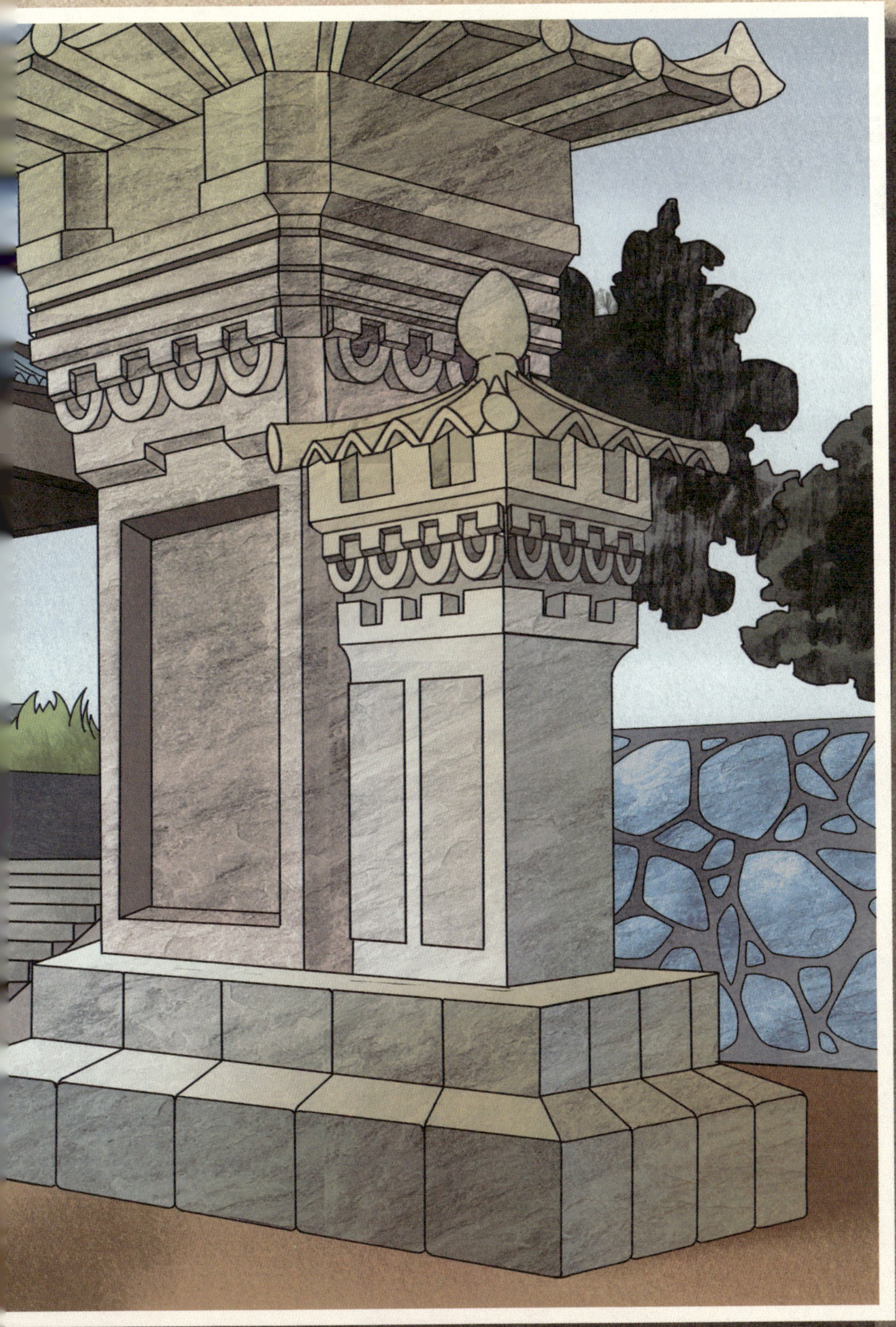

骏马似凤飙,鸣鞭出渭桥。 弯弓辞汉月,插羽破天骄。
阵解星芒尽,营空海雾消。 功成画麟阁,独有霍嫖姚。

子满问道:"老哥,麟阁是什么意思?"

我告诉他:"麟阁是麒麟阁的简称,是汉代的阁名,在未央宫中。 汉宣帝时曾绘十一位功臣像于其上,后即以此代表卓越的功勋和最高荣誉。"

子满不解地问:"汉武帝时代,那么多英雄跟匈奴作战,为什么独有霍嫖姚才入了麒麟阁呢?"

我无奈一笑:"历史就是这样,能被载于史册的终归只有个别人。 但就算如诗中所说,明知血战凯旋后只能有'上将'一人图形麟阁,他们仍因能报效国家、民族而感到自豪和满足。 这就是伟大的人民。"

子满补充了一句:"还有伟大的战马!"

是啊,还有这战马。 可是,就连默默无闻的将士都随风云散,何况是更加默默无名的战马呢?

我跟子满依旧想念那些为了将士的丰功伟绩而悲壮赴死的战马。 它们可是我们最亲密无间的战友。

我们回到了万马冢,在旁边结庐而居,为马守陵。

在一个阳光旖旎的秋日午后困意袭来,我跟子满倚着庐边几个破旧的马鞍沉沉睡去。

在睡梦中，我们仿佛再一次扬起马鞭，赶着群马登上广袤的草甸，幽影、紫电、龙友、青霜和白箭，精神抖擞地围拢在我们身边，亲我们的脸……

后记

汉朝从建立就受到匈奴的钳制。

秦汉之交,战马被消耗殆尽,以至于汉朝建立之初,连皇帝和丞相都不得不乘牛车,一般的大臣连牛车都没有。马匹成为极度稀缺的战略物资。

为了缓解这种局面,汉高帝实施休养生息政策。虽然也曾经主动出击匈奴,但被匈奴围在白登七天七夜,差点回不来。随即,汉朝对匈奴的政策调整为守势,以和亲政策为主。甚至到了吕后时代,匈奴单于用极具侮辱性的词语给吕后写信,吕后不得不卑辞应承。

休养生息到文帝、景帝的时候,出现了中国历史上第一个盛世——文景之治,朝廷依然无力发动针对匈奴的反击战,还要依靠和亲来维系汉匈之间的和平。

但汉朝的皇位毕竟是马上得来的,尤其是白登之围后,他们深刻地知道,要想反击匈奴，必须打造一支强大的骑兵。

其实，不仅仅是汉代，纵观古代其他王朝之间的战争，决定胜负的一个重要因素也是骑兵。作为战场上机动性极强的主力兵种，骑兵的强弱直接决定了军队的远程战略打击能力。组建一支进可攻退可守的骑兵部队，一直是历朝历代统治者的梦想。

要想骑兵能够在战场上跟匈奴一搏，战马一马当先是最重要的。因此，重视马政成为汉初长达半个多世纪的国策。

东汉的马援曾经总结马政的重要性："马者，甲兵之本，国之大用，安宁则以别尊卑之序，有变则济远近之难。"

这也说明，马在军队建设（主要是骑兵）中扮演着极其重要的角色。这也是这本小说所设置的历史背景。

马政被明确为国策，被从上到下的各级政府所重视。民间养马受到鼓励，甚至可以根据私马的养殖情况来减免徭役和赋役。

既然养马的重要性成为汉朝的共识，那么，养马之地也随之成为值得战略考量的问题。何处饲养需求量极大的战马呢？

最终，自然资源丰富、环境得天独厚的河西地区肩负起了这一历史使命。

据《汉书·地理志》记载，河西地区出产的牛、马等牲畜品质上乘，享誉全国。

究其原因，一方面是河西地区位于亚欧大陆的腹地，远离海洋，以温带大陆性气候为主，加之地势偏高，所以光照充足，十分有利于牧草的生产；另一方面是来自祁连山丰沛的冰雪融水孕育了河西广袤肥美的草原。

再者，河西走廊牧马养殖的历史源远流长。自先秦时代开始，这里的北方游牧部落就孕育了先进的畜牧文化。

汉朝为了能够在河西养马，首先从制度上开始完备养马的方略。

在中央，设置太仆一职，位列九卿，总揽全国马政，属官众多；在地方郡县（主要是河西地区），设牧师、苑令，牧师之下设马苑来具体负责养马的相关事宜。

如此一来，汉代的马政管理机构便实现了由中央到地方的全覆盖，各级官员分工也更加明确具体，大家各司其职，马政因此能够由中央顺畅地送达地方。

汉朝还在民间推行"马复令"等一系列政策,积极鼓励百姓养马。"令民有车骑马一匹者,复卒三人",鼓励私人养马来抵扣兵役。

这大大激发了河西地区民间养马的积极性,稍微有点财力而又忍受不了兵役之苦的人便通过为政府提供马匹来免服兵役。

通过在中央和地方所推行的一系列政策,在制度方面确保了汉代河西地区养马工作的稳步发展。

除了制度上的安排,马种的引入和饲料的更新,也使得河西的马政蒸蒸日上。

原产于中原地区的本土马种体形普遍瘦小,速度和耐力相较于匈奴马均处劣势。汉代统治者认识到了这一点,因此特别重视优良马种的引进。小说中子六、子满、伯乐子明一心想从大宛引进汗血宝马,就是服务了这样的主题。自古以来,西域便是马的故乡,盛产骏马名驹,乌孙马、汗血马更是其中翘楚,所以汉代引入的多是西域马种。

西域优良马种被引进后,跟汉马杂交,使得汉马体形、性情、速度和耐力都有很大提高,效果可谓立竿见影,"既杂胡马,马乃益壮",河西地区的本土马种品质有了极大提高,河西也成了汉朝优良马种的繁育基地,为汉朝骑兵的建设和边境防卫输出了大量优良马匹。

马的草料也发生巨大改进。河西地区由于祁连山冰雪融水的滋养,粮食作物及牧草生长茂盛,基本可以满足马匹的日常消耗。在苜蓿被引入后,马的草料品质大大提升了。

苜蓿极易被种植,且产量非常高。此外,苜蓿含纤维素较少,易于马匹的消化,适于作青贮饲料。所以苜蓿的引入和大面积种植,对增强河西地区马匹的体质具有重要意义。

就连马的喂养方式,河西地区也有所创新。之前,一般只在白天喂养马匹;之后,采用更为科学的喂养方式,除了白天正常喂养,在夜间也根据情况投放饲料。由于饲喂时间更加合理,这些吃饱喝足的马匹,体质自然更加强健。

到了汉武帝时期,为了彻底打通河西走廊,消除匈奴对边境地区的威胁,汉武帝决定对匈奴开展全面反击。

汉武帝分两次派遣霍去病出征河西。由于汉朝军队战术运用得当、各部队配合默契,几番激烈的战斗下来,匈奴伤亡惨重,被迫退出河西地区,远遁漠北。

两次河西之战，暂时解除了匈奴对北方边境的威胁，河西地区被划分为张掖、武威、酒泉、敦煌四郡，正式划归汉朝版图，使得河西的养马大业驶入正轨。

当然，养马和反击匈奴并非一前一后的顺序，而是同时进行、相得益彰的过程，同样也是汉朝凿通西域，进行中西交流的历史进程。

可见，汉朝养马是非常认真的，通过马政，汉朝最终驱逐了匈奴，把河西走廊划入了自己的版图，跟西域交流的通道被打通了，中西方的交流实现了，丝绸之路成功开通。

这或许是汉初的几位皇帝当初决定养马所没有想到的。

汉朝穿越指南

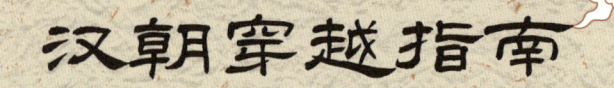

汉朝是中国历史上第一个繁荣强盛且影响力巨大的封建王朝。《史记》里曾经记载，汉武帝时期"京师之钱累巨万，贯朽而不可校。太仓之粟陈陈相因，充溢露积于外，至腐败不可食。众庶街巷有马，阡陌之间成群，而乘字牝者傧而不得聚会。"府库里的钱多得数不完，粮仓里的粮多得吃不完，家家户户都有马，可见当时汉朝社会的富足程度。如此看来，穿越到汉朝好像还不错？那我们就来看看汉朝人的日常吧。

汉朝的语言文字

汉朝书写用的文字称为隶书。汉代秦而兴，文化上发生一定的变化，那就是隶书取代小篆成为官方和流行书体。后人把这种流行于汉代的隶书体称为汉隶，其笔势生动，字体庄重，结构宽扁，横画长而直画短，讲究"蚕头雁尾""一波三折"。隶书在书法史上起着继往开来的重要作用。

汉朝的普通话依旧是传承了两千多年的雅言。有看过《史记》和《汉书》的读者，可能会觉得汉朝人说话也跟史籍中记载的那样文绉绉的，那可

就大错特错了。书面文字用的是之乎者也的文言文，而日常生活中人们说话，跟现在也没什么区别，只不过一些字词的发音和一些物品的称谓可能存在差异，但也绝非张口子曰，闭口子云的。

吃在汉朝

你可能不知道，汉朝人一天只吃两顿饭，第一顿在早上八九点，第二餐则在下午五点左右。只有皇帝，一天可以吃四顿饭。北方人的主食是小麦，南方人的主食是稻米。记住，小麦是这时才成为北方人饭桌上的主食的，之前是小米和高粱。

汉朝人吃麦很讲究。他们把麦子去了壳后，直接拿去蒸或煮，然后晒干，制成糗或糇，方便出远门路上吃。

在制作过程中，他们一般会加入干果或蜜汁，以增添麦饭的味道。吃的时候很简单，用水泡开、泡软，便可食用。

汉朝的烹饪方式与现代差不多，烤肉、火锅、蒸煮、生吃，脍、炙、炒都有。烹饪用油大多是动物油，猪油、羊油、鹿油、牛油等。花生油肯定是没有的，因为那个时候花生还在南美洲的某个角落孤独生长，还要经过数千年的时光才会践履中土。

吃的蔬菜有白菜，还有芹菜。不过芹菜是水芹，一种生长在水边的野菜。另外，芥菜也很普遍；有竹子的地方，自然就有笋；种荷花的人，会采收菱角和莲藕；攀藤类植物中，葫芦很早就成为中国主流食材之一。

汉朝人吃肉以猪肉和鸡肉为主，另外，食用狗肉也相当普遍，"狗屠"遍布汉初的史料，汉初名将，刘邦的妹夫——樊哙就是杀狗的出身。但猪肉取代狗肉成为主流肉

食已是不争事实。出土的汉简证明，汉朝的猪，已经实现了按部分切割分卖，也出现了针对猪肝、猪肺、猪蹄、猪肚、猪舌等不同部位的不同的烹饪方式。

除了这些本土的食物外，进口食材也充满了汉朝人的餐桌。比如说胡萝卜、黄瓜、菠菜、石榴，还有葡萄。特别值得一提的是，大蒜此时传入中土，跟中国原产的葱、姜、韭等结合在一起，形成一组特殊的调味材料，两千年来一直霸占着中国人的味蕾。

葡萄	石榴	胡萝卜	核桃
大蒜	芝麻	胡椒

行在汉朝

牛车和马车在汉代是主要的交通工具。汉初的时候,由于战争造成的后遗症,牛车不得已成为帝国的主要交通工具,当经济取得长足发展的时候,牛车渐渐为马车所取代。不过当时的马车,基本上都是两轮马车,只有皇室或贵族才可以或用得起四轮马车。

汉朝具有非常有规模且便捷的交通网。交通网最基层的单位是亭,原则上每十里设一个亭,亭由亭长负责掌管。亭长要承担双重任务,他一方面负责维持一段交通网的畅通,必须确保附近环境安全,没有盗匪威胁行人;另一方面需要掌管一座实际的房舍,它只比一般人家的房屋大一点,供行旅之人休息过夜,而亭长自己通常也住在亭里。汉高祖刘邦就是亭长起家,从一个小得不能再小的小吏成长为

一个九五至尊的皇帝，这背后是怎样一个励志故事啊！

　　亭之上有驿，三十里设一个驿。驿之上还有传，不按固定距离设置，而是设在每个县府。驿为人马提供了休息之处，人马休息完了继续上路。传呢？从字面意思看得出来，这是换马（有时也换人）的传递之处。"亭、驿、传"的庞大交通网，使得汉朝得以在文书程序和信息交流上被有效地组织起来，大大提高了行政效率。值得一提的是，汉朝的马路上大多有浅轨，轨道宽度固定，石板路的轨道是被刻意凿出来的，泥土路的轨道则是因为被同样宽度的车轮反复轧过而自然形成的。

穿在汉朝

　　汉朝的服饰主要有袍、襜褕（直身的单衣）、襦（短衣）、裙等，裙子种类繁多，质地优良，色彩鲜艳。原本只有皇室才可以穿的绫罗绸缎，宫外的贵族和豪族可开始享用。汉朝衣服的用色，存在着一定的禁忌。比如说赭衣（暗红色的衣服），是罪犯的专用色，其他人是不愿意穿的；白色的衣服象征了丧事，也不能随便穿。汉朝人穿的鞋主要由三种材质制成：皮、布和草。代表着不同的阶层。皮制的鞋地位最高，布制的其次，草制的最低。不过草鞋并非我们想当然的是用草做成，而是用麻，所以称作麻鞋可能更恰当。

住在汉朝

汉朝人的卧室内会安放床、榻、几，床离地约一尺高，睡觉的地方和地面保持一段距离，可以避免潮气。床上安放着枕头，当时最流行的是通中枕，其材质是木头或竹子，将

木头或竹子的里面挖空，或用某种方式将之卷曲形成中空，如此制造弹性。汉朝人从匈奴人那里引进了榻。榻比床窄且矮，不睡觉时可以收起来，靠在墙上。同时榻方便人跪坐。汉朝人坐的方式，主要是跪坐，类似于今天日本人的坐姿。汉朝人的几不同于今天的茶几，而是用来倚靠，因此成为"倚几"。倚几而跪成为汉朝最常见的一种坐姿。

　　汉朝的住所分为厅和堂，并不像现代一样固定隔出来，而是比较随意的一种空间上的安排。空间与空间用帷幕或屏风隔开，从而形成较为固定的隔间。屋子里的装饰除了帘幕，最耀眼的当数灯具了。从史料典籍和出土的汉墓中，我们可以了解到，汉朝人家里的蜡烛成为照明的主要工具，为了美观，他们制造出形态各异的青铜灯具，有羊尊型、朱雀型的，还有亮瞎人眼的人俑灯，也就是侍女捧着灯座模样的灯，看起来就像家中有个侍女随时举着灯照亮空间。

汉朝穿越指南

玩在汉朝

　　古人的生活并非古板而严肃，相反，娱乐方式让我们大开眼界。汉朝人的音乐活动超乎我们的想象，出现了新的乐器和乐队！筑是一种击弦乐器，演奏时用左手按住一端的弦，右

手用竹尺击弦发音。筑的音色悲壮，深受汉代男性喜爱。汉代时已经有竹笛，考古人员在马王堆汉墓中发现了两支六孔竹笛，主要用于竖吹，和吹箫的姿势差不多。七弦琴是汉代另一种广为流行的乐器，用来伴奏，也可用来独奏自娱自乐。汉朝的帝王将相都十分爱七弦琴。司马相如就是一位优秀的琴师，他曾用优美动听的琴声追求到了同样深谙琴律的卓文君。有了琴，自然少不了瑟，琴瑟和鸣嘛。汉朝制作的二十五弦瑟，无论在制作工艺上和演奏水平上都达到了一个高峰。二十五弦瑟在每根弦的一端都有一个调音柱，可上下移动，改变音色。

马王堆汉墓中出土的七弦琴和二十五弦瑟，两千年后依然让世人为之惊艳！另外一件出土的文物也让我们的视野大为开阔：很多我们以为只有现代才有的东西，其实古代早就有了，比如说乐队。马王堆汉墓出土了一套小型奏乐俑，正是汉朝人组建乐队的体现。这支乐队共有五人，其中三人在鼓瑟，两人在吹竽。